U0693103

历史不能忘记系列 ⑲

国际友人与抗日战争

乔玲梅◎著

中国民主法制出版社

2015年·北京

图书在版编目（CIP）数据

国际友人与抗日战争/乔玲梅著 . —北京：中国
民主法制出版社，2015.7（2020.5重印）
（历史不能忘记系列）
ISBN 978-7-5162-0954-7

Ⅰ.①国⋯ Ⅱ.①乔⋯ Ⅲ.①友好往来—外国人—生平
事迹—中国—1937～1945—青少年读物 Ⅳ.①K812.5-49

中国版本图书馆 CIP 数据核字（2015）第 180452 号

历史不能忘记系列
　　张量　主编
图书出品人：刘海涛
出 版 统 筹：赵卜慧
责 任 编 辑：吕发成　胡百涛

书名/国际友人与抗日战争
作者/乔玲梅　著

出版·发行/中国民主法制出版社
地址/北京市丰台区玉林里 7 号（100069）
电话/63055259（总编室）　　63057714（发行部）
传真/63056975　63056983
http：//www. npcpub. com
E-mail：mzfz@npcpub. com
经销/新华书店
开本/32 开　880 毫米×1230 毫米
印张/7　**字数**/139 千字
版本/2015 年 7 月第 1 版　2020 年 5 月第 2 次印刷
印刷/石家庄德文林彩色印刷有限公司

书号/978-7-5162-0954-7
定价/20.00 元

▶ 修订版序

    中国出版集团旗下中国民主法制出版社，将在中国人民抗日战争暨世界反法西斯战争胜利 70 周年之际，修订再版"历史不能忘记"系列丛书，我感到非常高兴。当年我参加组织编写了这套丛书，得到了社会的认可。在老一辈无产阶级革命家杨成武同志为第一版作序后，由我为再版作序。虽然水平有限，然出版社坚持，也只好尽力而为了。

    1993 年以后，日本国内的右翼势力开始猖獗，日本政局也开始出现右倾化的动向，不时上演参拜靖国神社、篡改历史教科书、否定南京大屠杀，为日本侵华战争涂脂抹粉，企图推卸战争责任的闹剧。前事不忘，后事之师。要让中国人民和世界人民永远牢记这段历史，尤其要让青少年从小就了解、记住这段历史。在我国国内，虽然抗日战争方面的图书资料很多，却难见一套比较系统地对青少年进行抗日战争方面的爱国主义教育的丛书。1998 年初，中国民主法制出版社的编辑赵卜慧等同志策划了"历史不能忘记"系列丛书。受出版社邀请，我组织时任中国社会科学院近代史研究所所长、《抗日战争研究》杂志主编、中国抗日战争史学会副会长张海鹏，中国第二历史档案馆馆长、中国抗日战争史学会理事周忠信，中国人民大学中共党史系主任、博士生导师陈明显，中国人民抗日战争纪念馆编研部主任、中国抗日战争史学会常务理事、研究员张量和中国人民解放军军事医学科学院研究员、细菌学专家郭成周以及对抗日战争史有深入研究的专家学者，精心编写了这套丛书。这套丛书收录了大量的史料和图片，有些是首次公之于众的，揭露了日本侵略中国所犯下的滔天罪行，如南京大屠杀、日军细菌部队罪行等；讴歌了中国人民浴血奋战，与日本侵略者血战到底的气壮山河、可歌可泣的民族精神，如八一三淞沪会战、台儿庄战役、百团大战等。该丛书第一版推出 12 本，于 1999 年 9 月出版。丛书出版后在读者中引起了很好的反响，当年就名列共青团中央"中国新世纪读书计划第 7 期新书推荐榜"，并被列为上海市中小学生图书馆必备书目，荣获第 9 届上海市中小学生优秀课外读物三等奖。

近几年，日本政府在右倾化的道路上越走越远，尤其是安倍上台以后，不但矢口否认历史，而且否认对侵略历史表示歉意的"村山谈话"，挑起诸多事端，解禁集体自卫权，对外出售武器，动摇日本战后和平宪法的根基，加快日本军国主义的复活，引起世界各国尤其是曾经遭受日本军国主义铁蹄蹂躏的亚洲邻国的高度警惕。

为了铭记历史、缅怀先烈、珍视和平、警示未来，2014 年 2 月 27 日，全国人大常委会通过了《全国人民代表大会常务委员会关于确定中国人民抗日战争胜利纪念日的决定》，以法律的形式，将每年 9 月 3 日确定为中国人民抗日战争胜利纪念日；2014 年 4 月 10 日，又通过了《全国人民代表大会常务委员会关于设立南京大屠杀死难者国家公祭日的决定》。今年是中国人民抗日战争暨世界反法西斯战争胜利 70 周年，我国将在纪念日举行空前盛大的阅兵活动，向世界宣示中国维持战后世界秩序的坚定决心。

在此之际，修订再版"历史不能忘记"系列丛书，充分体现了中国民主法制出版社的担当意识和责任精神。丛书站在新的历史方位，挖掘和整理最新史学研究成果和文献资料，由初版 12 册增加到 22 册，内容更加丰富，事实更加清晰，范围更加广阔，尤其是把儿童抗战、文化抗战、台湾抗战、空军抗战、海军抗战等鲜为人知的抗战史料呈现在读者面前。不难看出策划者把这套丛书作为精品工程精心来打造的良苦用心。

2014 年 7 月 7 日，习近平总书记在纪念全民族抗战爆发 77 周年仪式上指出，历史是最好的教科书，也是最好的清醒剂。中国人民对战争带来的苦难有着刻骨铭心的记忆，对和平有着孜孜不倦的追求。中国的抗日战场，是世界反法西斯战争的东方主战场，中国抗日战争的胜利，为世界反法西斯战争作出了积极贡献。中国抗日战争的胜利，是中国近代以来第一次取得的反对外来侵略的彻底胜利，一雪百年屈辱历史，它是中华民族由衰败走向振兴的重大转折。

实现民族复兴的中国梦，是每一位中华儿女共同的历史使命。中华民族的伟大复兴、美丽中国梦的实现，许多道理需要让历史告诉未来。中国人民会铭记这段历史，以史为鉴，时刻保持清醒头脑，警惕日本军国主义的死灰复燃，牢记"落后就要挨打，就要受人欺负"的教训，紧密地团结在以习近平为总书记的党中央周围，发奋图强，努力学习和工作，把我们的国家建设得日益繁荣富强，为早日实现中华民族伟大复兴的中国梦而努力奋斗。

中央档案馆原馆长

中国档案学会原理事长

中国抗日战争史学会原副秘书长 王明哲

2015年5月

▶ 第一版序

　　抗日战争，这是个历史性和现实性都很强的话题。

　　说它具有很强的历史性，那是因为，这场战争的爆发距今毕竟已有62年。时至今日，战争的硝烟早已散尽，在和平共处五项原则的基础上，中日两国正面向未来，致力于建设和平与发展的友好合作伙伴关系。至于有关反映抗日战争的文章和书籍，60多年来则更是难计其数。

　　说它具有很强的现实性，则是由于：其一，抗日战争毕竟是自1840年鸦片战争以来，帝国主义列强发动的历次侵华战争中最残酷的一场战争，也是中国人民反抗外来侵略最坚决并最终取得全面胜利的一场战争。这场惨绝人寰的侵略战争造成了3500万中国人的伤亡，造成了1000亿美元的直接财产损失，使千百万中国人流离失所。这么一场空前的民族大灾难，无论如何不应该也无法从人们的记忆中抹去。其二，抗日战争虽然早已结束，但它给我们留下许多血的教训：得道多助、失道寡助。尽管有一时的强弱之别，然而玩火者必自焚，正义终将战胜邪恶；贫穷、落后就要挨打，就会受人欺辱，只有国家富足强盛，才能人民安居乐业……所有这些，都将犹如警钟长鸣，时时警示着世人。其三，人总是要有点精神的。中华儿女在这场民族灾难中所表现出来的浴血奋战、不怕牺牲的抗战精神，作为一种极其宝贵的精神财富，无论时间再久远，都将永久地熠熠生辉、光芒四射。在和平的年代里，在社会经济建设中，我们仍然需要弘扬这种宝贵的民族精神。其四，随着时间的推移，抗日战争渐渐成为历史，年青的一代只能从历史书籍、从教科书中去了解这场战争的真相了。也正因为如此，在日本，总有那么一些人不时地挑起事端，他们或在教科书问题上大做文章，或在日军侵华史实上黑白颠倒，企图篡改历史，误导后人。历史霎时间似乎成了一个任人打扮的小女孩。为此，要不要把这场战争的本来面貌告诉世人特别是年青的一代，显然成了摆在每一个史学工作者面前的现实问题。

有鉴于此，中国民主法制出版社约请了长期从事抗日战争问题研究、占有大量客观资料的专家学者，历时数载，撰写了这套"历史不能忘记"丛书。丛书本着对历史负责，对后人负责的态度，严格尊重史实，凭借事实说话，分《以史为鉴　面向未来》《九一八事变》《七七卢沟桥事变》《八一三淞沪会战》《平型关战役》《台儿庄战役》《南京大屠杀》《百团大战》《日军细菌战》《中国空军抗战》《中国海军抗战》《中国抗日远征军》《抗日英烈民族魂》《华侨支援祖国抗战纪实》《国际友

人与抗日战争》《华北抗日》《华东抗日》《华南抗日》
《抗战中的延安》共 19 个分册，全方位多角度、系统客
观地披露和介绍了抗日战争的爆发背景以及发动经过、
侵华日军在战争中所犯下的滔天罪行、中国军民抗击侵
略者的著名战役、献身于抗战的民族英烈等。其中，一
些材料和观点尚属首次公开发表。

　　日本的一位首相曾经说过："我们无论怎样健忘，也
不能忘记历史。我们可以学习历史，但不能改变历史。"
作为一种民族灾难，抗日战争过后的今天，无论是挑起
这场战争的加害国还是遭受侵略的被害国，惟有正视史
实，以史为鉴，才能更好地面向未来，防止悲剧再度发
生。而再现历史真相又是问题的逻辑前提。我想，这恐
怕正是撰写和出版这套丛书的目的所在吧。

　　作为抗日战争的亲身经历者，我愿意把这套丛书推
荐给需要了解和应当了解这段历史的人们。

杨成武

1999 年 4 月 4 日

　　抗日战争是 20 世纪三四十年代发生在中国大地上的一场伟大的民族解放战争。为了抗击日本法西斯对中国人民的疯狂侵略，在中华民族生死存亡的紧要关头，不仅千千万万的中国人民行动起来，义无返顾地抛头颅、洒热血，而且世界上众多爱好和平、坚持正义的国际友人也给予了无私援助和支持。他们戎马疆场，与中国人民并肩作战；他们鹰击长空，给日寇致命的打击；他们冒着敌人的炮火，救死扶伤；他们大声疾呼，传播中国抗战的实际情况；他们募捐款物，保障人民战时的生活；他们开办工业，想方设法解决战时困难……为了中国的抗战，不少国际友人血洒战场，牺牲了宝贵的生命！在他们中间，有苏联人、美国人、英国人、德国人、法国人、波兰人、加拿大人、奥地利人、匈牙利人、新西兰人、丹麦人、印度人、朝鲜人、日本人……

　　以库里申科为首的苏联志愿飞行员大队来中国作战的 700 人，牺牲 200 人；

　　驼峰航线上坠落的飞机达 557 架，为此献身的飞行员达 2000 名，其中不少是美国飞行员；

　　美国派遣出任中国战区统帅部参谋长兼中缅印美军司令的史迪威，美军陆战队的埃文斯·福代斯·卡尔逊，美军观察组成员谢伟思、多姆凯、戴维斯，晋冀抗战的越南籍将领洪水等，在战役、战斗指挥中呕心沥血；

加拿大美国医疗队的白求恩、帕森斯、琼·尤恩，印度援华医疗队的爱德华、巴苏华、柯棣华、木克华、卓克华，国际红十字医疗队德国的贝尔、白乐夫、顾泰尔、马库斯、王道，波兰的傅拉都、戎格曼、陶维德、甘理安及夫人，奥地利的富华德、严斐德、肯特、傅莱，罗马尼亚的扬固、柯让道及夫人，捷克的柯理格、基什，保加利亚的甘扬道，匈牙利的沈恩，苏联的何乐经，英国的高田宜，美国的马海德、加拿大的布朗、麦克卢尔、哈利生，新西兰的霍尔，朝鲜的方禹镛等，冒着枪林弹雨救死扶伤；

著名的美国记者埃德加·斯诺和夫人海伦·斯诺、安娜·路易斯·斯特朗、艾格尼斯·史沫特莱、伊斯雷尔·爱泼斯坦、哈里森·福尔曼、杰克·贝尔登、西奥多·怀特（白修德），英国记者詹姆斯·贝特兰、冈瑟·斯坦因，德国记者汉斯·希伯等发出正义的呼喊；

新西兰的路易·艾黎，英国的乔治·何克、赖普吾、普艾达、林迈可、班威廉、克兰尔夫妇，日本的绿川英子，朝鲜的郑律成，荷兰的尤里斯·伊文思等，参加文化建设、"工业合作社"等救亡运动。

我们无法在一本书中毫无遗漏地列举投身中国抗战的成千上万个国际友人的名字，也难以一一展现他们在为中华民族的解放而义无反顾、感人至深的身影，然而我们永远不会忘记他们。历史永远铭记着他们的英雄壮举，人类正义精神的光芒中永远闪烁着他们的魂。

▶ 目　录

中国人民的美国朋友埃德加·斯诺

　　埃德加·斯诺（Edgar Snow，1905—1972），美国著名记者和作家，生于美国密苏里州堪萨斯城。他的父亲詹姆斯·斯诺经营着一个小型的印刷作坊，母亲安娜是个家庭主妇。1923年，斯诺在堪萨斯城西港中学毕业，以优异的成绩考入密苏里大学新闻学院学习，1925年大学没毕业就到纽约闯世界。1928年2月，斯诺作环球旅行，7月抵达中国，原计划采访六个星期。抵达后担任《密勒氏评论报》助理编辑，不久受报社派遣乘火车沿铁路干线进行旅行采访。他报道了绥远大饥荒发生后，中国老百姓遍地饿殍的情形，深深生起悲悯之心，他希望自己不仅能够客观地报道，而且还能够有积极的行动。

◎ 报道和同情中国的抗日救亡运动

　　1931年9月18日，驻中国东北的日本关东军突然向中国东北军发动进攻，20多万东北军执行蒋介石的命令不作抵抗就全部撤入长城以南，使东北广阔而富庶的土地落入日军之手。

　　为报道九一八事变真相，埃德加·斯诺作为六名在华的西方记者之一，迅速进入中国东北进行实地采访。斯诺看到，日军在这片刚征服的土地上耀武扬威，而中国人民的鲜血在这里流淌。斯诺把他在中国东北的见闻和分析写成一部名叫《远东前线》的书，这是他生平第一部著作。1933 年，《远东前线》在美国出版，畅销一时。由于全书毫不隐讳地揭露了日本侵略中国的事实，斯诺从此上了日本政府的黑名单。

1932 年"一·二八"事变时，斯诺又冒着危险冲上前线采访中国军队的抗击日军的淞沪抗战，把中国军队展开抵抗的新闻发给欧美驻上海的通讯社。

斯诺在上海期间与宋庆龄、鲁迅成为好朋友，多方面多角度采访他们。为介绍中国现代文学，从 20 世纪 30 年代初开始，斯诺着手编译一本英文版的中国现代短篇小说集，取名《活的中国》，收入了鲁迅、茅盾、郭沫若、沈从文、林语堂、郁达夫、柔石等当时中国主要作家的小说，以鲁迅的作品为最多。斯诺认为，当时由外国人撰写的介绍现代中国的书籍往往只能触及中国的外表，只有中国人自己写的作品才能反映深刻的中国现实。此书于 1936 年出版。

1933 年夏天，斯诺与新婚妻子海伦迁居北平，表面上说是因为上海的夏天过于炎热，非常不利于写作；其实更深层次的原因是，斯诺预见到，日本在攫取中国东北后，它的下一个目标必将是华北。因此，一个记者如果能身处北平，将更容易观察和报道时局的变化。1934 年初，斯诺以美国《纽约日报》驻华记者身份应邀兼任燕京大学新闻系讲师，居住在盔甲厂13 号。他努力学习中文，1935 年 6 月，又被聘为英国《每日先驱报》特派记者。

燕京大学是中国共产党领导学生运动的重要阵地，斯诺积极参加燕大新闻学会的活动，他们家也是许多爱国进步学生常去的场所，燕京大学的王汝梅（黄华）、陈翰伯，清华大学的姚克广（姚依林），北京大学的俞启威（黄敬）等等都是他家的常客，一二九运动的许多策划和组织活动都是在斯诺夫妇家中进行的。在游行示威的日期确定后，斯诺夫妇第一时间得到消息。游行前夕，斯诺夫妇把《平津十校学生自治会为抗日救国争自由宣言》连夜译成英文，分送驻北平外国记者，请他们往国外发电讯，并联系驻平津的许多外国记者届时前往采访。他们亲身参加了 12 月 9 日和 16 日学生们的爱国行动，拍照并报道。斯诺给纽约《太阳报》发出了独家通讯，在这家报纸上留下了有关一二九运动的大量文字资料和照片。他还建议燕大学生自治会举行一次外国记者招待会，在这次招待会上学生们再次向西方媒体展示了一二九运动的伟大意义。斯诺还保护了许多被军警追捕的爱国学生，学生们在他家住，直到被安全地送出北平。

◎《红星照耀中国》

通过一二九运动，斯诺对领导学生们的中国共产党十分感佩。得知红军经过长征已经到了陕北，他强烈地希望去陕北采访红军。以他与宋庆龄的交情，他认为宋庆龄能够帮他达成这个愿望。1936 年春天，斯诺专程去上海拜访宋庆龄，通过宋庆龄的安排，4 月他踏上了去延安的行程，一路上同行的还有美国医学博士马海德，他是中共委托宋庆龄邀请的一位医术高超的西医。他们两人在地下党的秘密护送下，顺利通过与中共军队秘密和平相处的张学良部队的驻防地区，到达当时中共中央所在地——保安，开始了为期四个月的采访，斯诺准备了非常详细的采访提纲。在后来正式出版的《红星照耀中国》序言中，记录着 80 个问题，从"共产党怎样穿衣、怎样吃饭、怎样娱乐、怎样恋爱"到"中国共产主义运动的政治和军事前景究竟怎样"几乎无所不有。

▲1936 年 7 月，埃德加·斯诺在陕北采访途中，右为斯诺。

7 月 13 日，斯诺和马海德到达保安。当天晚上，毛泽东就亲自来到他们下榻的"外交部"招待所拜会了他们，毛泽东当时的正式职务是中华人民苏维埃共和国主席。以后的许多个夜晚，斯诺、马海德在毛泽东居住的窑洞长谈至深夜。斯诺在《红星照耀中国》一书中写道：熄灯号已经吹过，毛泽东交叉着腿坐在从岩石中凿成的一个很深的壁龛里，吸着一支前门牌香烟，向我们不停地讲述着。毛泽东向他们讲述了共产主义运动在中国的发展历程，红军的诞生和壮大，以及共产党正在遵循的停止内战、一致抗日的主张。多日的长谈使斯诺对毛泽东本人的钦佩之情油然而生。斯诺还用激将法请毛泽东谈了谈他本人的历史，由此他对毛泽东和他追求的事业有了更深层次的了解。在完成了对毛泽东的采访后，斯诺提出要为他照一张相，毛泽东欣然同意。但当两人走出窑洞后，斯诺才意识到毛泽东没有戴帽子，于是斯诺顺手将自己的红军帽戴在了毛泽东头上，拍下了一张毛泽东的戎装照。之后斯诺将这顶帽子视为最珍贵的纪念品，并将它保存了一生。斯诺逝世后，这顶帽子由斯诺的家属捐给了中国国家博物馆。新中国成立后，这张原始的黑白照片经过不断修版，成为一幅偶像照印发全国并传播到全世界。据美国专家估计，这张照片是世界摄影史上印数最多的一张肖像照。

▲1936 年，美国记者埃德加·斯诺在中国陕北为毛泽东拍下了一张肖像照，头戴一顶八角帽的毛泽东显得英姿勃发。

1936 年 7 月下旬，斯诺一行穿上红军战士的蓝灰色军装前往甘肃、宁夏一带采访近两个月。通过一系列的采访和会谈，斯诺搜集到了关于红军的成长历程，二万五千里长征，中共的政治、经济、军事、外交方针政策等多方面的信息。10 月中旬，斯诺带着一种"离家"的心情，恋恋不舍地告别苏区返回北平。

从 11 月起，斯诺伏案疾书，夜以继日地赶写出有关苏区的 30 余篇通讯报道，在国内外的英文报纸《密勒氏评论报》《每日先驱报》《星期六晚邮报》等上发表，引起轰动。

斯诺一方面将这些英文报道编撰成书，一方面将这些采访资料迅速编译成一个中文版，取名《外国记者西北印象记》。这部书于 1937 年 3 月出版，它比英国出版《红星照耀中国》早了半年，又比《红星》一书的中译本《西行漫记》早了近一年，可视为《红星》一书的序曲。《印象记》一书选编了斯诺对毛泽东的采访资料，还录入了许多有关长征的珍贵历史资料。

"西安事变"发生后，中国抗日形势又有了新的变化，斯诺在书中对此进行了分析。1937 年春天，斯诺夫人又去陕北采访了刚带领红四方面军与中央红军会师陕北的朱德，这些资料也编入了《红星照耀中国》，这部历史性的巨著更加完整了。

1937 年 2 月，美国《生活》画报刊登了他在苏区拍摄的 75 幅照片。7 月，斯诺将这些报道、照片以及其他有关资料汇编成书，出版了他的第三部著作——《红星照耀中国》（中译本《西行漫记》）。10 月，英文本《红星照耀中国》由伦敦戈兰兹公司出版。美国兰顿公司于 1938 年 1 月出版该书，由于此时日本侵华战争已全面爆发，兰顿公司在该书的封面写下："此书会告诉你为什么日本不可能取胜！"《红星照耀中国》在美国出版后的一段时间，兰顿公司平均每天收到 600 张商家订单。在以后的几年中，这本书被译成了六种文字在全世界出版。该书出版后，立刻风靡全球，受到世界各国的重视和全世界广大读者的热烈欢迎，成为当时国际上发行最广、最多的著述之一。

◎ 参与和报道中国的抗战

1937 年七七抗战爆发，斯诺在北平目睹了中日战争的开端。他在参加日军召开的一次记者招待会上大声质问："为什么要在中国领土上进行军事演习？为什么借口军士失踪动用大兵？为什么侵略者不撤兵回营，反叫中国守军撤出宛平？"斯诺这一连串的问题，问得日军新闻发言人狼狈不堪，无法正面回答，只能仓促宣布记者招待会结束。

七七抗战后，斯诺断言卢沟桥抗战将要载入中华民族抗战史册。伦敦《每日先驱报》电令斯诺离开北平，转移到中国防线那边去。但是，他还不能离开北平，一方面要等待去陕北的妻子海伦的消息，另一方面他的家也是抗日爱国志士和进步青年学生的中转站，他们要隐藏在他家，然后奔赴到安全的地方。在此期间，他还帮助来北平养病的邓颖超逃到天津（邓最后在爱泼斯坦的帮助下安全到达西安八路军办事处）。从斯诺家逃出去的人，有的在北平近郊参加了抗日游击队。他们后来又回到斯诺这儿来，在他的住宅里安装秘密电台——短波无线电收发报机。这样，斯诺的住所又成了抗日游击队的地下临时工作中心。斯诺在和妻子会合后，及时进行战地新闻采访报道。他横穿中国的国土，由东而西，由正面战场而敌后战场；从上海到汉口，及重庆、西安，并再次到延安。他目击了上海之战的中后期，中日战争在不断升级。中国人民浴血奋战的场面使斯诺为之感动，为之兴奋，他向世界报道："在中国的山峦、平原、河谷之间，日本所遭遇的不只是正规军队，而且是由千百万男女老幼、由整个民族所组成的抵抗力量。需要他们抵抗多久就有多久。他们是一支为自己国恨家仇、为自由、为将来而战的十字军。"

他在菲律宾的碧瑶写出了《为亚洲而战》的长篇报道，记述了中国军民从1937年卢沟桥事变到1940年百团大战期间的战地实况。其中包括第二十九军的华北抗战、淞沪会战、南京大屠杀、武汉与广州的沦陷、日军轰炸重庆、正面战场的溃退、敌后战场的开辟和抗战力量的发展、"工合"运动的缘起和发展、重返苏区的印象等。

◎ "工业合作社" 的旗手

斯诺在沿海大城市进行战争报道的过程中，看到近代工业生产基地大部分密集于沿海地区的大中城市，尤其是上海占了全国工业的70%，这些工业由于没来得及全部迁往内地，损失惨重，毁于炮火或为日军占有。而内迁的企业在组织生产上又遇到困难，军用与民用物品面临巨大困难。他与路易·艾黎、海伦一起在想办法支援中国的抗战。他们分析中国的时局，决定以合作社的形式组织小工业作坊生产，以帮助中国恢复发展工业品的生产，援助中国抗战。

工业合作社简称"工合"，其宗旨就是：通过建立战时工业生产合作社，组织难民自救，动员失业劳工，开发后方资源，生产军用、民用产品，粉碎日寇封锁，支持中国抗日战争。他们的计划最早得到了宋庆龄和爱国银行家徐新六的支持，斯诺又去游说英国大使去做国民政府的工作，最后通过宋美龄和端纳，得到了国民政府的批准。斯诺夫妇在香港筹建了"中国工合国际委员会"，由陈翰笙博士任秘书。该委员会的任务是筹措资金，汇往大陆。宋庆龄则通过其弟宋子文筹措到

▲埃德加·斯诺（左）与好友"工业合作社"支持者埃文斯·卡尔逊（右）合影

了在华南地区开展工作所需的资金。斯诺先后到武汉、重庆视察"工合"工作，发现其在国统区发展很困难，有的还被国民政府改组、收编。斯诺到延安、敌后游击区考察"工合"工作，看到"工合"得到了中国共产党的支持，"工合"在中国共产党管辖区内进展良好，毛泽东还就"工合"问题，阐述了中国共产党的主张："所有的中国人都应该支持这个进步的运动。"斯诺将此向外界作了报道。苏区在没有得到比国统区更多贷款的情况下，建立了许多"工合"工厂，斯诺还参观了"工合"产品在苏区的展销活动。之后，斯诺又奔赴香港，为新四军控制区筹措"工合"款项和军用衣被、药品、军械。此外，斯诺还赴菲律宾的华侨居住区募集款项，他在这里受到华侨的热烈欢迎，获得捐款 100 多万元。一些国际友好人士也慷慨解囊，为"工合"的发展作贡献。1938 年底，英美各界人士捐助了几百万美元；1940 年，美国总统夫人埃莉诺·罗斯福也予以支持，还在美国组织了"工合"美国委员会分会。

在中国未沦陷区的游击根据地和大后方，"工合"获得了惊人的发展。截止到 1940 年 10 月，中国的十六个省区建立了 2300 多个小工厂、工场和矿场，其中有制糖、印刷、炼油、化工、面粉、玻璃、电器、药品、被服、枪械、弹药等小工厂，还有铁矿、煤矿等矿物的开采场。它们在沿海大工业陷于瘫痪、被敌人攫取的情况下，有力地支援了中国军民的抗战，对中国抗日战争中作出了不可磨灭的贡献。

1941 年，由于报道了皖南事变，国民党下令取消了斯诺在中国的记者特许证，他因此离开了心爱的中国。

1941 年，斯诺回到美国后，仍然向美国人民和世界人民宣传中国的抗日战争，并且三次得到了罗斯福总统的接见。总统向他了解了中国的情况，并征求了他对处理中国问题的意见。

◎ 中国人民的美国朋友

中华人民共和国成立后，斯诺对中国进行了三次长期访问，始终保持着对中国的关注与热爱，他生前写道："我爱中国，我愿在死后把我的一半留在那里，就像我活着时那样。美国栽培养育了我，我愿把我的一部分安葬在哈德逊河畔，日后我的骨灰将渗入大西洋，同欧洲和人类的一切海岸相连。我觉得自己是人类的一部分，因为几乎在每一块土地上，都有着同我相识的善良的人们。"

　　1971 年，斯诺死于癌症。遵照斯诺的遗愿，他的妻子将他的一半骨灰带到中国，安葬在北京大学校园的未名湖畔，另一半骨灰安葬在美国哈德逊河畔。

▲美国著名记者和作家埃德加·斯诺
（Edgar Snow 1905—1972） 在北京大
学未名湖畔的墓碑

　　中华人民共和国原邮电部于 1985 年 6 月 25 日发行了一套《中国人民之友》纪念邮票三枚，其中第三枚邮票上的人物就是埃德加·斯诺。那凝视而深思的目光，紧闭的双唇，既表现出他具有果断、干练而富于洞察力的性格特点，也揭示出了一个新闻记者为真理献身的精神。

　　2009 年 9 月 14 日，斯诺被评为 100 位为新中国成立作出突出贡献的英雄模范之一。

中国抗战的见证人安娜·
路易斯·斯特朗

安娜·路易斯·斯特朗（Anna Louise Strong, 1885—1970），是美国著名的进步记者和作家。她出生在美国内布拉斯加州费伦德城的一个牧师家庭，早年就学于奥伯林学院，1908 年取得芝加哥大学哲学博士学位。她曾致力于儿童福利事业和工人运动，她于 1918 年至 1920 年担任西雅图工会刊物的编辑。1921 年去苏联莫斯科，创办《莫斯科新闻》，向世界介绍苏联。她在苏联居住近 30 年，其间先后访问过西班牙、中国、墨西哥、波兰等国，满怀热情地报道了那里人民的革命斗争。1925 年，斯特朗第

▲1925 年首次到中国的斯特朗

一次来到中国，采访了省港大罢工领导人苏征兆。两年后，再次来到中国，写下了《千千万万的中国人》一书，歌颂了"大革命"失败后两湖地区的农民斗争。其间与宋庆龄成了亲密朋友。从 1925 年第一次访华，到 1970 年在北京逝世，她共

访问中国六次，并在中国度过了一生中的最后一段时光。斯特朗热情支持中国人民的独立和解放事业，在近半个世纪的漫长岁月里，她总是在中国革命的关键时刻来到中国，同中国人民同呼吸、共命运，赢得了中国人民的友谊和尊敬，成为中国革命的见证人。

◎ 斯特朗对中国抗战的报道

1937 年底，中国抗战全面爆发，12 月初，斯特朗登上了从威尼斯经香港到汉口的远洋班轮，专程来中国。期间，她阅读着刚刚出版的斯诺的《红星照耀中国》，详尽地了解着中国共产党 1927 年以后的具体活动，并且约斯诺夫妇见面。因为护照的缘故，她不能在香港下船，斯诺夫妇就专程到香港登船拜访，并向她简要介绍了红军的状况。斯特朗深信接触红军会有良好效果，于是决定去采访红军。斯特朗在香港下了轮船，坐飞机到了武汉。

斯特朗在武汉积极支持中国人民反对日本帝国主义侵略的斗争，以实际行动寻求国际援助，为支持中国抗战而奔走呼号。1938 年 1 月 2 日，斯特朗参加了中国妇女团体联合会召开的国际妇女茶话会，她根据西班牙反法西斯战争的经验，批评国民党中央政府片面抗战政策，而对中国共产党坚持抗日民族统一战线和全民抗战的正确主张大加赞扬。在汉口住了几天以后，斯特朗迅速作出安排，要去采访山西的八路军，因为"要认识新中国，不仅要看汉口"。1938 年 1 月初，在汉口八路军办事处的帮助下，斯特朗获准乘坐阎锡山将军的专列前往山西，去见早已闻名的西北战士。到了临汾，斯特朗等人被安排在一座旧面粉厂的办公室过夜，这里距离八路军总部只有一天的路程。

第二天黎明，一辆老式伏特货车来迎接斯特朗，车上搞了一些临时装置，坐上去摇晃不定，人们委婉地称它是"公共汽车"。汽车爬上岩石山坡，开过由树干、树枝和秫秸、稻草混合建成的木桥，穿过十分狭窄的峡谷，一路向北开去。

艰难的旅行之后，斯特朗到达了任何地图上都没有标记的一个村落，这里驻扎着八路军总部。还没下车，斯特朗就感到自己运气挺好。"一个满身尘土，灰蓝色打扮，朴素得像个农民的人"隔着司机同她握手，用不够标准的德语表示欢迎。"朱德！赤色的美德，一个传奇式的英雄。"一个红军总司令亲自跑来迎接她，斯特朗对此十分感动。和朱德一同来欢迎她的，还有八路军将领彭德怀、贺龙、刘伯承、林彪。

斯特朗在八路军总部住了十天。她和八路军指挥员、一般工作人员一起进餐、交谈，向他们了解中国革命的进程、敌后抗战的情况。她在当地的一户农民家里睡土炕，在八路军司令部里和八路军战士一样，每人分得一份同等的饭菜。她对这里的印象是，八路军的领导人不会矫饰做作，而是坦率直爽。她印象特别深的，是他们之间"同志情谊深"。

在八路军总部，斯特朗多次访问朱德，朱德告诉她："共产党的战略方针是打持久战，使战争持续下去并直到取得胜利。"并说，游击战并不是新事物，美国、法国、俄国都运用过它，这是一个严阵以待的国家的人民用来对付拥有优势军事装备的敌人的一种战术。斯特朗还通过与任弼时谈话，了解到八路军动员群众共同抗日的情况。她深切地感到，"共产党的部队是一支新型的军队。他们不奸淫掠夺，尊重农民并帮助他们收庄稼，特别是教育他们认识自己的力量，并告诉他们如何战斗并赢得胜利。"斯特朗满怀热情地甘心当八路军的学生，向他们学习游击战课程，听取著名功臣建奇功的故事，还懂得了为人民服务的军队怎样同人民打成一片。

▲斯特朗（左）与刘少奇在延安

　　斯特朗发现，这支军队还通过娱乐的方式进行教育。前线剧团编演历史的和当代的事件，创造出新颖的歌剧。令她惊讶的是，在这个偏僻的村庄内，竟然住了两个剧团。尽管演出条件简陋，演出效果却很不错。士兵们聚精会神地观看演出，一直到夜晚10点钟。有一个剧团的领导人是几年前在内地消失、传说已不在人间的作家丁玲，斯特朗看完丁玲的剧团演出后，就问丁玲："中国文学的最近趋向是什么？"丁玲告诉她，是以如何拯救中国为己任，帮助推动救亡运动。丁玲介绍说：

"我们演出戏剧，公开演讲，在农村墙壁上画漫画，还必须教会农民唱救亡歌曲。每个村庄的农民至少会唱两首歌。"两天后，丁玲又随前线服务演出队上前线了。斯特朗也怀着依依难舍的心情，离开了八路军总部回到了汉口。斯特朗从华北前线返回武汉之后，以饱满的政治热情和生动流畅的文字，接连不断地向世界各国人民介绍了中国共产党领导的八路军和华北军民进行的伟大的抗日游击战争。1月25日，她应中国国民外交协会的邀请，在广播电台以"马德里是怎样保卫的"为题，发表了慷慨激昂而富有战斗性的演说，鼓舞中国军民奋起反击日本侵略军的疯狂进攻。1938年4月，斯特朗在离开中国之前，给朱德写了一封充满战斗情谊的信，由于战乱难寄，信发表在当时的《新华日报》上。

亲爱的朱德先生：现在已经是深夜二时，我这几天都是夜晚两点钟睡觉，早上七点起床。明天早上我又要赴香港，我太疲倦了，……但是，在离开中国武汉之前，我不能不给你说几句话，以表示对八路军同志们为我们共同的目的而献身的事业的敬佩，……中国的同志有一种艰苦奋斗的真诚，有一种对同志的炽热的热情……这在世界上其他地方是无法得到的。我很幸福，因为我们在一个世界上，在一个世界的运动之中，那中间，有中国的同志们，也有你……

在广泛调查的基础上，斯特朗写成了《人类的五分之一》一书，出版发行到世界各地，大大声援了中国人民的抗战事业，增强了中国人民抗战胜利的信心。

◎ "独家新闻" ——报道 "皖南事变"

一个偶然的机会促成了斯特朗的第四次访华。当时，她正急于离开苏联，而由阿拉木图到重庆的新航线是她离开苏联的唯一途径。于是，斯特朗通过这条新航线，于 1940 年 12 月底离开了苏联，飞抵战时陪都——重庆。

在重庆，斯特朗遇见了路易·艾黎、埃文斯·卡尔逊和爱泼斯坦，他们使她了解到中国的许多情况和更多的新四军的背景情况。她还碰到了李公仆——在阎锡山专列上的同车厢车友，李公仆请她参加了一个知识界头面人物的会议，并请她介绍有关党派结盟的技术和形式，在这个会议上，李公仆给斯特朗起了个中文名字"史特朗"，他解释说："她是一个对历史特别明朗的人物。"六年后，斯特朗才发现，这次会议不仅产生了她的中国名字，还在她的帮助下，产生了民主同盟——一个加快新中国诞生的重要政党。

在重庆的每一天都使她受益匪浅，但使她受益最深，也是最重要的，还是与周恩来的几次深夜交谈。第一次交谈，周恩来透露说，最近两年来，蒋介石的将领们不断加剧同共产党人领导的军队的武装冲突，他打算就这些冲突，向斯特朗作出详尽的说明。周恩来说："你现在不要发表这些材料，要等我捎信给你，同意你这样做时再发表。我们不希望过早地揭露这些冲突而加剧摩擦，不过，我们愿意把这种材料交到值得信任的国外人士手中，以便在蒋（介石）展开更加疯狂的进攻时及时揭露。我们担心这种进攻。"在他们两人最后一次会谈结束前，周恩来把一篇长达 26 页的文章和其他一些文件，交给了斯特朗，嘱咐她按照他所交代的做法行事。斯特朗接受了这一任务，把这种信任和重托视为珍贵的荣誉。

在回美国的途中，斯特朗断断续续在广播中听到些消息——他们所担心的事情终于发生了，蒋介石制造了皖南事变。1941 年 2 月初，斯特朗接到一封来自马尼拉的未署名的航空信件，信中简单地说："发表你所知道之事的时机已经到来。"信封内还装有中国共产党人重新组建新四军的正式命令全文，还有"革命军事委员会发言人"的正式声明，声明列举出重庆亲日分子要把中国纳入纳粹法西斯轴心国的十五点阴谋计划。航空信件是 1 月 26 日发出的，她收到信件时，十五点阴谋有些已经付诸实施了。斯特朗将材料迅速送到北美报业联盟，请他们安排发表，并应要求写好了评论文章，但发表这些资料和文章遇到了很大的困难。美国许多通讯社和报业人士，从来不发表有利于共产党的任何报道，即使是对这样重要的独家新闻也不肯接受。最后，斯特朗设法把资料交给了一位在《纽约先驱论坛报》工作、名为巴恩斯的朋友，她的这位朋友欣喜若狂地在资料上署上了自己的名字发表了一些内情报道，并由此获得了独家新闻的名誉。这些报道马上传播开来。斯特朗后来才注意到，署名巴恩斯的文章，就是她所保存的唯一的"真正独家新闻"。此后，她在《亚美》杂志上发表了自己的分析性文章。在短时间内，国际上越来越多的人觉醒过来，在很大程度上要归功于斯特朗及时和准确的报道。

◎ 一切反动派都是纸老虎

斯特朗六次访华，写出了许多有关中国的书籍和文章。前两次访华，她目睹了中国革命兴起和动荡的重大历史时刻，写出了《千千万万的中国人》一书。抗战胜利后的 1946 年，她五访中国，在延安的生活成为她记忆所及的最快乐的时光。在延安，她还得到了一个"纸老虎女士"的绰号，因为在与她的谈话中，毛泽东首次提出了"一切反动派都是纸老虎"的论断。之后，她撰写了《中国的黎明》一书。

　　斯特朗第六次访问中国时，已经是 73 岁高龄了，而且健康状况不佳。由于她患有帕格特后遗症，她只得借助拐杖行走。这一次，她留在了中国。

　　1970 年，斯特朗在北京逝世，享年 84 岁。

美国作家史沫特莱的中国情

　　"我只有一种忠诚，一个信仰，那就是忠于贫穷和被压迫者的解放。在这个意义上，就是忠于中国正在实现的革命。"这是史沫特莱在生命垂危之际发自肺腑的心声，她希望在她弥留之际让中国人用《义勇军进行曲》使她安息。她是美国著名记者、作家和社会活动家——艾格尼丝·史沫特莱，一位杰出的与众不同的女性。

◎ 一位社会活动家的成长

　　艾格尼丝·史沫特莱（Agnes Smedley，1892—1950），1892年2月23日出生在密苏里州北部的奥斯古德镇，这是美国中西部贫困的农村矿区。16岁时，她经过考试，到新墨西哥州的拉顿镇教小学。18岁时因为母亲病逝，她支撑起整个家庭，但终因父亲的酗酒和不顾家庭，她离开了家，到坦佩师范学校学习。期间受美国社会主义者的影响，参加政治活动，1914年毕业后在本校工作。

▲年轻时的史沫特莱在圣迭戈

1927 年 2 月，史沫特莱参加了在布鲁塞尔召开的反帝大同盟成立大会和第一次代表大会，反帝大同盟是反对以维持殖民主义现状为宗旨的国际联盟，计划在支持亚洲、非洲和拉丁美洲的民族主义运动方面采取统一立场，他们邀请了孙中山的夫人宋庆龄参加。反帝大同盟交给史沫特莱的任务是通过中国国民党在柏林设立的新闻处，收集有关中国的消息，在印度的报刊上报道。史沫特莱开始关心中国的命运，并开始准备到中国去当新闻记者。反帝大同盟的新闻工作帮助史沫特莱形成了观察民族解放运动的新视点，她越来越清楚地看到，被压迫民族的民族解放运动具有世界性的特点。

◎ 中国左翼作家联盟的盟友

　　1928 年 11 月，史沫特莱以《法兰克福日报》驻外记者的身份经莫斯科前往中国。12 月到达中国东北，报道了日本帝国主义在中国东北的野蛮统治，指出最大的危险来源于日本帝国主义。1929 年 3 月，史沫特莱到南京；1929 年 5 月又到了上海。她为《法兰克福日报》写了一系列报道，这些报道后来收进了她关于中国的第一部著作——《中国人的命运》。1931 年，史沫特莱参与创办了进步杂志《中国论坛》，还协助宋庆龄以及中央研究院的成员于 1932 年组成了"中国人权保障大同盟"。在上海，史沫特莱结识了鲁迅、茅盾等一批左翼作家，把德国女版画家凯绥·珂勒惠支及其作品介绍给鲁迅。从 1931 年到 1935 年 6 月，史沫特莱在美国进步刊物上发表过左翼作家联盟的三封具有历史意义的信，都是左联成立以后在国际上首次公开发表的历史性文献。

　　1932 年间，史沫特莱把她关于中国的新旧作品整理汇编成一本集子，这就是 1933 年出版的《中国人的命运》。1934
年 4 月史沫特莱根据陈赓和周国平提供的江西苏区的材料，动
手写完了《中国红军在前进》一书。

1934 年，史沫特莱整整一年的时间住在鲁迅家里。1935
年底，史沫特莱通过国外电讯知道中国工农红军胜利到达陕北
的消息，她建议鲁迅、茅盾拍一个电报去表示祝贺，电报是史
沫特莱通过第三国际从法国转发到延安的。电文是："在你们
身上，寄托着人类和中国的未来。"

◎ 西安事变对世界的发言人

1936 年秋，史沫特莱来接受了刘鼎的邀请，离开上海抵
达西安。刘鼎是中国共产党党员，留学德国、苏联，现在上
海，住在新西兰朋友路易·艾黎家中，史沫特莱也掩护过他，
让他在自己的公寓里避难，两人在患难中结下了深厚的友谊。
上海党组织派他到张学良部队中做统战工作，张学良对他十分
信赖。刘鼎做张学良的工作很有成效，安排了张学良和周恩来
的会谈。刘鼎这次请史沫特莱到西安的原因，是周恩来和张学
良的秘密会谈获得成功以后，共产党相信争取与东北军和陕西
的其他武装力量联合起来抗日反蒋的努力一定可以成功，而这
将是一件具有重大历史意义的事件，周恩来希望能有一位同情
进步事业的外国记者对这一过程进行客观的报道。史沫特莱听
了很兴奋，她很愿意承担这样的任务。10 月，蒋介石带着宋
美龄飞往西安，表面上悠闲地到处游山玩水，其实心里作着紧
张的谋划。几天以后，蒋介石召开军事会议，布置"剿匪"
任务，张学良反对。12 月 4 日，蒋介石第二次来到西安，再次
向张学良和杨虎城发布"剿匪"训令，同时命令集结在陇海

线的中央军向陕西推进，使东北军和西北军处于被监视被分割的状态，以便必要时把张、杨部队调离陕西，把地盘让出来，让中央军去打内战。张、杨二将军看到直谏、苦谏、哭谏都不奏效，为了国家民族的利益，决定实行兵谏，把蒋介石抓起来，强迫他同意停止内战，与共产党联合抗日。12 月 12 日，发生了震惊中外的"西安事变"。西安事变期间，史沫特莱当了张学良将军总部电台的英语播音员，成为一个在国际上产生重大影响的人物。她每天晚上从张学良的司令部对外进行 40 分钟的广播，扼要地阐述当天西安事变的变化和发展，双方谈判的进展情况，也谈她和张学良、杨虎城的会见以及她对这两位将军的印象。报道的内容客观、翔实，而且准确、生动。史沫特莱不善于外交辞令，对事件往往作一些具有个人风格的尖锐的评论。12 月 27 日到达西安的新西兰记者詹姆斯·贝特兰开始和史沫特莱合作，贝特兰的播音风格和史沫特莱迥然不同，他努力模仿纯正的英国广播公司播音员的声调，尽力使自己的声音不带主观感情。他们的广播持续了约一个月。

◎ 在延安架构中外文化交流的桥梁

1937 年 1 月初，史沫特莱收到了正式邀请她去延安访问的信。她以红十字会前线救护员的身份出了西安城，用了整整三个星期才到达延安，她是延安接待的第一位外国女记者。到延安的第二天，延安为她开了一个欢迎大会，史沫特莱应邀在大会上讲了一个多小时的话。她讲述了美国工人的生活和自己的经历，最后史沫特莱充满激情地说道："我理解你们，美国人民理解中国人民，理解中国人民抗击日本侵略者的斗争。你们不是孤立的，你们的斗争是正义的，你们的斗争是世界伟大的反法西斯斗争的一部分。"她的讲话感动了现场所有的人，大家站起来长时间地热烈鼓掌欢呼。

▲艾格尼丝·史沫特莱1937年赴陕北前后

史沫特莱去延安的最初目的是采访，写一部像《西行漫记》那样的作品。她与毛泽东、朱德、周恩来和彭德怀等人多次交谈，她给予毛泽东高度评价：每个人都可以与古今中外社会历史人物相提并论，但无人能比得上毛泽东。他的著作已经成为中国革命思想中的里程碑。她评价周恩来是一位学识渊博、阅历深广、见解精辟、襟怀坦白、不存门户之见、毫不计较个人的安福尊荣和权力地位的卓越领导人。到延安的当天晚上，史沫特莱就前往凤凰山麓朱德总司令的住处。他们坐在一张没有油漆过的白木桌子前，朱德问史沫特莱愿意在延安做些什么事，史沫特莱毫不犹豫地答道："我决定写你的传记，希望你能把一生的全部经历讲给我听！"

朱德很惊讶，说："我不过是个农民，是中国工农红军中普普通通的一员。"

"正因为你是一个农民。"史沫特莱说，"中国人十个有八个是农民。而迄今为止，还没有一个中国农民向全世界谈到自己的经历。如果你把身世告诉了我，也就是中国农民第一次开口了。"

史沫特莱对朱德的采访持续了四个多月，直到卢沟桥事变发生，朱德率领八路军开赴山西抗日前线，采访才不得不中断。1937 年 10 月史沫特莱离开延安，辗转来到山西省五台县八路军总部找到朱德，他们的谈话又得以继续下去……

史沫特莱在延安提出了加入中国共产党的要求，但中共领导认为她在党外更能发挥作用，为此她号啕大哭，她越想越伤心，一连好几天都处于情绪极为激动的状态。虽然如此，她仍然把延安当作自己的家，把自己当作延安人民的女儿，延安的大小事情，她都要管一管。她看到延安的农村妇女子女成群，不少红军女战士、政府女干部也为生育过多所苦，她于是异想天开，决定在延安宣传计划生育，像她在纽约和柏林所做的一样。她给妇女们讲解节育的原理和方法，给她们分发药物。可是在当时的中国，史沫特莱的做法过于超前，听众很感兴趣地听着她的讲解，脸上带着羞怯的微笑和神秘的表情，却没有谁按照她的指导去做。

接着她又发起了灭鼠运动，一开始被嘲笑为是西方人不切实际的讲究，但后来得到了毛泽东的支持。她请埃德加·斯诺设法从北平弄来了灭鼠药和灭鼠夹子，一边宣传讲卫生的重要性，一边教大家如何灭鼠。

史沫特莱看到延安的虱子也为害甚烈，老百姓和战士身上都长虱子，休息的时候就一边晒太阳一边解开衣服抓虱子。大家习以为常，风趣地把虱子叫作"革命虫"。史沫特莱不赞成大家"革命虫"的讲法，劝大家要注意清洁，要讲卫生，因为这关系到每个革命战士的健康，关系到部队的战斗力！她讲了以后，大家都忙着晾晒被褥，烧水洗烫衣物，展开了除害灭虱运动。

史沫特莱还是一个精力充沛的图书管理员，她负责扩充延安新建的鲁迅图书馆的外国文学书籍，她把纽约的《新群众》杂志介绍到延安，这本既有鲜明的政治内容又有图片的杂志，很受延安的青年知识分子和学生的欢迎。到1937年3月中旬，外文图书室已具雏形。图书室的外文书刊，包括英、俄、日、德、法等语种，其中相当一部分出自史沫特莱、斯诺以及其他一些外国友人的捐赠或邮购。

史沫特莱关心着延安的医药卫生情况，想方设法托各方面的朋友向延安运送医疗器械和药物。她和毛泽东同志联名向美国总统罗斯福致函呼吁，希望派医疗技术人员到中国，由此促成了诺尔曼·白求恩的中国之行。她还和朱德同志联名写信给她的老朋友、印度国大党主席尼赫鲁，请求派遣援华医疗人员，印度派了以柯棣华大夫为首的五名医生来到抗日战争前线。白求恩大夫和印度医疗队为中国人民作出的巨大贡献之中，也凝聚着史沫特莱的心血。

因为有了留声机，毛泽东、朱德和周恩来都鼓励史沫特莱教干部和战士跳西方的交谊舞，以活跃延安的文化生活。史沫特莱和她的翻译吴莉莉开始每天晚上在大街尽头的天主教堂里，随着陈旧的留声机里放出来的旋律，教红军干部和战士们跳交谊舞，一些从城市来的大学生也来帮忙。史沫特莱满腔热情地教跳舞，可是遭到了一些女同志的反对。但延安的舞会仍然继续举行。从那时候起，党和政府机关每到周末，都要举行舞会，这大概是史沫特莱对东方传统的封闭性发起勇敢冲击的战果吧。

◎ 伤兵之母

1937 年 10 月，史沫特莱开始了上前线的行程，从西安到山西，追随八路军，继续她的采访，采访朱德及其部队，把这一段经历写成了一本《中国在反击》。这本书以日记的形式，记载了她于 1937 年 8 月 19 日从延安出发，到 1938 年 1 月 9 日到达汉口的全部过程。史沫特莱作为一名女性，一名热爱民族解放运动的活动家，看到伤员天然地就觉得应该去护理和照顾他们。在西安时，从狱中放出来的三百多名共产党人的家属有许多伤员，史沫特莱忙了一周，在教会医院指导下照顾他们。在武汉的路上她遇上了三个伤兵，她关心他们的伤情，叫来三辆黄包车，一个轻伤员扶着昏迷的重伤员共乘一辆，自己和另一位伤员各乘一辆，把伤兵送到医院去。当她掏出钱来要付车费时，车夫无论如何也不肯收，拉起车掉头就跑了。这件事在汉口的车夫中一传十，十传百，都被这个他们不认识的蓝眼睛的外国女人的行为感动了。没几天，就有一大批黄包车夫自愿无偿运送伤兵。

▲1938 年史沫特莱在武汉采访周恩来

史沫特莱在汉口住了十个月，她把大部分精力用于为中国红十字会募捐，宣传八路军的英勇事迹以及整个中国抗日军队所处的困境。她写了很多文章，发表在《曼彻斯特卫报》和《密勒氏评论报》上。这一系列报道，充分表现了这位记者和作家的勇气和才华。她的战地报道的质量赢得了国际的承认。1938 年夏天，她正式被聘为《曼彻斯特卫报》的驻外记者。同时，她的新著《中国在反击》也即将出版。她筹备举行一个晚会，给前方将士捐款。在一个周末的晚上，由鲁茨主教出面，请来了许多中外朋友。弗兰西丝弹奏了几首欢快的美国乐曲，客人们即兴表演，史沫特莱以激昂嘹亮的嗓音，唱了一首《最后关头》。接着，她向大家讲述了八路军和中国抗日将士的英勇斗争，请大家捐助，朋友们纷纷解囊。几天以后，史沫特莱来到汉口八路军办事处，把 10300 元捐款交到当时正在汉口的八路军副总司令彭德怀同志手中。以后，又给各条战线的抗日士兵送去 1000 双手套、线袜和布鞋，还有 1 万元钱和 300 磅药品。史沫特莱甚至向国民党财政部长宋子文和行政院长孔祥熙募捐。

之后，史沫特莱来到新四军在皖南泾县云岭的军部，进行了长达一年的采访、报道。她是由中国红十字会救护总队的负责人林可胜博士介绍来采访新四军的。史沫特莱的公开身份是国际红十字会记者。史沫特莱到达云岭的第二天就投入到紧张的工作中。她参观了新四军的司令部、政治部，拜访了叶挺军长和项英副军长。在史沫特莱从长沙经南昌、太平赴新四军军部的途中，曾参观了新四军的几个兵站和军械修制所，参观了设在小河口的新四军后方医院。到达云岭后，她又参观了新四军军部的一些机构。所见所闻，给史沫特莱留下了深刻的印象。史沫特莱帮助新四军得到了一批从香港和上海运来的药品和手术器材，以及食品、被服、文化用品等物资。史沫特莱经常把大衣送给伤员，一冬下来，给她发了许多次军大衣。她还经常到军部医院和伤员交谈，帮助护理伤员。

1938年11月到1940年4月，史沫特莱在湖南、湖北、安徽、河北的广阔地区，采访共产党和国民党领导下的部队，历时十八个月，成为外国记者中对中国战区历时最长的采访。这是一次令人兴奋的经历，是史沫特莱记者生涯的鼎盛时期。她将这十八个月的经历都写进了1943年出版的《中国的战歌》一书。《中国的战歌》成为第二次世界大战中最佳的战争报道之一。

在《中国的战歌》中，战争和革命是她的主题。她描写一次又一次的战斗，揭露日本军人的凶残，颂扬中国人民英雄气概，唤起了美国人对中国抗战的同情。她还描述了战争在中国农村引起的社会变革：农村的妇女怎样被组织起来，在军事和社会活动中扮演重要角色；怎样通过群众性的教育运动进行扫盲；怎样将民主措施引入乡村政治，成为动员抗日的一个主要部分。她向人们描绘了一幅中国团结抗战的宏阔画面。

1940年春，史沫特莱接受了新四军豫鄂挺进纵队司令李先念的建议，去重庆疗养，同时，实现她最主要的使命——把华中斗争告诉全世界。后因病情恶化，她回到美国接受治疗。

1950年5月6日，史沫特莱因病在英国伦敦逝世，终年58岁。1951年5月6日，在她逝世一周年之际，北京为她举行了追悼大会和隆重的葬礼。她的骨灰安放在北京八宝山中国烈士陵园的苍松翠柏间，一块大理石墓碑上用金字镌刻着朱德写的碑文："中国人民之友美国革命作家史沫特莱女士之墓"。

以中国为家的爱泼斯坦

伊斯雷尔·爱泼斯坦（Israel Epstein，1915—2005），又名艾培，出生于波兰的一个犹太人家庭。当时波兰正在沙皇帝国的控制范围内，他的父亲拉沙尔参加犹太人劳动联盟反抗沙皇的残酷统治，被铺入狱，母亲松亚则被放逐到了西伯利亚。爱泼斯坦的父亲在第一次世界大战爆发后被他所在的公司派往日本。当德军逼近华沙时，松亚抱着襁褓之中的小伊斯雷尔万里寻夫，通过横穿西伯利亚的铁路，乘船跨海到达日本。两年以后，一家人迁居中国的哈尔滨。到了哈尔滨，他们仍然没能逃脱沙俄反犹主义的魔掌。那时，沙皇的白俄军队被新生的苏维埃打败，大批逃往哈尔滨，也把排犹的恐怖活动

▲青年时代的伊斯雷尔·爱泼斯坦

波及到哈尔滨。1920年，爱泼斯坦一家只得南下，离开哈尔滨来到天津，一住便是十八年。

◎ 结识斯诺

1931 年中学毕业后，16 岁的爱泼斯坦进入设立于天津的英文《京津泰晤士报》（Peking and Tientsin Times）报社从事新闻工作。京津泰晤士报馆是一座砖木结构的小楼，地下室作印刷厂，上边是编辑部。这家英国人办的报纸是当年天津三种英文报纸之一，日出 20 版，在京津两地发行。报馆人手很少，爱泼斯坦从打字、校对、采访、编辑到写社论、拼版，样样都要干，小小年纪就锻炼成了一个全能报人。

1933 年，报社要爱泼斯坦写一篇书评，评论对象是埃德加·斯诺的《远东战线》，其主要内容是斯诺根据自己采访的九一八事变和上海"一·二八"事变的内容而写作的，爱泼斯坦被该书的内容和写作风格深深打动了。他打听到斯诺住在北平，就在一个周末乘火车去拜访他。那时斯诺在燕京大学教新闻学，住在海淀的一所四合院里。爱泼斯坦只有 18 岁，比斯诺夫妇整整小 10 岁，但他们很快就成了好朋友。这种周末的拜访成了爱泼斯坦天津生活中相当重要的内容，许多时候，他会在京津之间的火车上度过。1936 年，斯诺在宋庆龄的帮助下秘密采访红军，10 月以后的几个月里，西北之行是他们之间最热烈的话题。斯诺给爱泼斯坦看了许多他拍回的照片，爱泼斯坦还阅读了《西行漫记》的手稿，这些照片和手稿后来轰动了世界。与斯诺的交往，决定了爱泼斯坦后来生活的整个道路。

爱泼斯坦以后历任《北平时事日报》编辑，美国合众社、重庆美国《联合劳动新闻》记者。

◎ 报道中国抗战

1937 年华北风云突变。日本帝国主义悍然发动全面侵华的卢沟桥事变。爱泼斯坦此时正在北平担任美国合众社记者，经历了卢沟桥开战的炮声后，他又在天津目击了该市的争夺战，决心帮助英勇抗战坚忍不拔的中国普通军民。在天津，他亲眼看到了六百勇士保卫城市的战斗，又目睹了日本侵略者对南开大学的灭绝人性的狂轰滥炸，他详尽地进行了报道，还帮助卢沟桥事变时参加南苑战斗的三十多个逃出来的抗日志士分散安排在天津租界，以躲避敌人的搜查；冒着风险采访了北平郊区赵侗领导的游击队，报道他们的战斗事迹。7 月底，北平、天津相继沦陷。9 月，爱泼斯坦到了南京，见证了第二次国共合作，有幸成为了在首都采访秘密的共产党谈判代表的第一个外国记者，访问了叶剑英和博古，给美国合众社写报道，阐明了中国共产党以大局为重，坚持抗日的立场，高度评价了平型关战役。南京沦陷后，爱泼斯坦到了武汉，1938 年 1 月 9 日，在汉口参加了第一家共产党报纸《新华日报》的开业典礼。为了报道台儿庄战况，3 月下旬前往徐州，采访了第五战区司令长官李宗仁将军；4 月 2 日，与卡尔逊到台儿庄采访第二集团军司令孙连仲将军，之后采访池峰城及普通的士兵，直接报道台儿庄战役的相关情况。他评价台儿庄战役是全中国一致奋战的结果，向世界传播了中国抗战的决心，坚定了必胜的信念。爱泼斯坦报道了美国海军情报处的海军陆战队员卡尔逊上尉视察华北游击队的见闻，6 月到广州报道中国的抗战情况，但美国合众社的有些人说他的报道不客观，把他解雇了。

◎ 掩护抗战人士

爱泼斯坦的父母不愿居住在被日本占领的地方，忍痛离开自己的独生子，东渡太平洋，到了美国。当时，爱泼斯坦22岁，担任美国合众社的记者。作为一名记者，他思维敏捷，目光敏锐，把所有战地新闻源源不断地发往美国，以此来支持中国的抗日战争。爱泼斯坦不仅用笔来支援中国抗战，而且用自己的聪明才智和实际行动掩护抗日人士。爱泼斯坦与斯诺一起投身于中国人民的抗日斗争，帮助爱国者和革命者离开敌占区到根据地去。斯诺有时到天津来找爱泼斯坦，让他协助寻找安全的住处并将他们转移出去。爱泼斯坦英勇机智帮助斯诺护送邓颖超逃离虎口成为一段佳话。1937年5月，邓颖超从根据地经西安到北平西山治疗肺结核。7月，卢沟桥事变爆发，邓颖超以"李太太"的身份进城，住在地下党员张小梅家里。不久，斯诺亲自护送她来到已经沦陷了的天津，找到爱泼斯坦，希望他能协助帮邓颖超返回西安。爱泼斯坦安排邓颖超住进有些犹太人常住的泰来饭店，然后买了到烟台的船票，走海路从烟台上岸，后安全抵达西安。1973年10月19日，与爱泼斯坦共同参加斯诺部分骨灰的安葬仪式的邓颖超同志，特意大声地感谢爱泼斯坦在天津对她的救助，那时，爱泼斯坦被监禁五年刚出狱，邓颖超给他以鼓励。1981年在庆祝爱泼斯坦70岁生日的时候，年近八旬的邓颖超与爱泼斯坦又一次笑谈起那次天津之行，时隔四十四年，邓大姐对初见爱泼斯坦的情景记忆犹新。

1938年10月21日，爱泼斯坦前往广州采访。在游行队伍里看到宋庆龄，虽然是第一次见面，但他们好像是老朋友一样。受宋庆龄的委托，他在广州成立了保卫中国同盟分会，同时担任《华南日报》的英文编辑。

◎ 香港遇险

随着日军进攻广州，广州沦陷，1938 年 11 月，爱泼斯坦来到香港，他继续参加保卫中国同盟的工作，负责编辑英文版《保卫中国同盟通讯》，参与中国共产党重要文件、重要著作的英文翻译工作。通过参加毛泽东《论持久战》一书的翻译，他深刻理解了毛泽东关于战争发展、演变的思想，并运用于他自己的《人民之战》一书中。此书收集了爱泼斯坦在抗战前两年的采访和通讯报道，颂扬了那些英勇爱国的普通士兵和许多军官，为中国的抗日战争进行宣传，坚定了中国人民胜利的信心。

1941 年 12 月 8 日，日本偷袭美国太平洋舰队基地珍珠港，太平洋战争爆发。与此同时，日本飞机也突袭香港。12 月 25 日圣诞节这一天，香港沦陷。

香港突然被日军占领，使许多以香港为基地的抗日人士无法生存下去，保卫中国同盟的许多人士撤往祖国内地，有的被迫转入地下，开展秘密工作。宋庆龄乘最后一个航班，飞往内地。爱泼斯坦由于来不及撤走，被迫留在香港，处境十分危险。因为日本对抗日人士采取一个不留的屠杀政策，爱泼斯坦的大名早已上了日本人搜捕的黑名单。为了保护爱泼斯坦，廖承志采取迷惑战术，向外界散发了一个不幸的消息：爱泼斯坦被日本飞机炸死了。许多人听到这个不幸的消息，十分悲痛。然而，他们并不知道，在中共党组织的安排下，爱泼斯坦做了一个"外科手术"，在左腿上制造了一个伤口，躲进了医院，待机逃回内地，以免遭日本侵略者的杀害。他后来回忆说："当时，我深深感谢中国朋友的爱护之情，我们的命运联结在一起，他们在为我的生命而担忧。"尽管如此，爱泼斯坦仍然落入了日本侵略者的魔掌，但他们并不知道这位长着棕色头发、宽大前额、生着一双深邃而炯炯有神的眼睛、左腿包扎着绷带的年轻人就是他们日夜搜捕不着的爱泼斯坦。爱泼斯坦被关进了为欧美人建造的集中营。从此，他与日本法西斯开始了一场生死搏斗。

为了尽早逃离虎口，爱泼斯坦想尽一切办法，寻找着机会。集中营设在海边一所学校内，紧邻海边，利用大海，是逃跑的最佳途径。如果逃不出去，一旦被日本人发现，等待他的只有立即枪决。只要有一线生的希望，任何人都不会放过，更何况爱泼斯坦，这位对生活有着远大理想的青年。他聚集了四位难友，其中有一位漂亮的姑娘，名叫邱茉莉，出生于英国。邱茉莉也与爱泼斯坦一样，对中国抱着同情心，并走上支援中国抗战的道路。他们在狱中相见、相识、相助，爱情的火焰在苦难中燃起。他们五人经过两个月的精心筹划，制订了一个冒死逃跑的危险计划。1942 年 3 月 18 日夜，爱泼斯坦等人先潜伏在铁丝网旁，当日军巡逻队过去后，他们立即剪断铁丝网，跑到海边，挖出事前掩埋在海滩上的小船，把船推向大海。五个人跳上小船，奋力向深海划去。他们计划向当时活跃在香港地区的东江游击队控制的方向逃跑，但是一上船就迷失了方向。而且，更为糟糕的是，一只船桨也划断了，剩下的一只也只好当作他们从地狱逃向天堂的拐杖。五个人拼命地划船，不停地用双手淘出涌进船内的水。在茫茫黑夜，小船任由风浪吹打，五人的心也几乎破碎。第二天中午，他们飘到一个小岛，这个岛位于香港与澳门之间，当时，还有敌人的据点。五个人此时已精疲力尽，晕睡在小船内。庆幸的是，岛上的中国渔民救了他们，帮助他们偷渡到了澳门。

邱茉莉找到一位在澳门的朋友，在这位朋友的帮助下，五个人顺利地离开澳门，登上了赴中国内地的征程。他们终于逃出了日本侵略者的地狱，开始了新的生命旅程。爱泼斯坦步行去了桂林，然后去重庆，义务担任保卫中国同盟的工作，还担任美国的联合劳动新闻社记者

值得一提的是，在爱泼斯坦和邱茉莉等人逃离日本侵略者虎口之后不久，1943 年 11 月，他们两人喜结良缘。

▲采访晋西北敌后抗日根据地的爱泼斯坦

◎ 赴延安采访

1944 年 6 月，爱泼斯坦作为美国《时代》杂志、《纽约时报》联合劳动新闻的记者，参加了中外记者西北参观团，前往延安和晋绥解放区采访，度过了四个月，访问了毛泽东、朱德、周恩来、贺龙、邓发、徐特立、陈毅、王震、聂荣臻、吕正操等许多中共领导人和久经沙场的将领，聆听他们的谈话。

1944 年 6 月 12 日，毛泽东接见了中外记者团，向记者们说："欢迎你们在大热天来延安，这儿是一个偏僻的穷山沟。我们的工作是抗日。我们要打败日本帝国主义，也要在全世界范围内推翻法西斯。我们要团结中国人民，团结全世界人民，团结一切反法西斯力量。"爱泼斯坦还有幸单独采访了毛泽东。爱泼斯坦事后回忆说："毛主席很会听人家说话，也不打断别人的话。我讲的话，有些是他感兴趣的，有些是他不感兴趣的，但他总是耐心地听。毛主席很会分析问题，说话很有分量，很幽默，生活朴素，性格活泼。"爱泼斯坦随中外记者团离开延安时，毛泽东赠给他一幅自己的画像并签名留念。毛主席的画像他一直挂在室内，这是他延安之行最珍贵的纪念。爱泼斯坦在延安、在五台山、在汾阳前线采访八路军指战员，亲临前线看八路军攻打日本碉堡，抓日本俘虏，看到战士们英勇杀敌，人民支援战争，军民鱼水情深如一家。他把所见所闻，写成 20 多篇通讯报道，在《纽约时报》等报刊上发表，产生了巨大的影响。

▲1944 年 6 月，爱泼斯坦随中外记者参观团到陕甘宁边区和晋绥边区考察，此图是毛泽东在延安枣园接见其中的六名外国记者。前排右二为爱泼斯坦。

为抗击日寇血染沂蒙的
洋八路汉斯·希伯

汉斯·希伯（Hans. Shippe，1897—1941）出生在原奥匈帝国（现波兰）的克拉科夫（波兰名 Grzyb），后到德国上大学并加入德国共产党（德名 Muller，莫勒），后定居德国。知名记者、著名国际主义战士。通晓英、德、俄、波兰和中国五国文字。

◎ 对中国革命的关注

希伯很早就向往具有 5000 年文明历史的中国，他对中国人民和中国革命怀有深厚的感情。1925 年汉斯·希伯第一次来到中国，在北伐军总政治部编译处做编译工作。在国民党和共产党合作反对军阀统治的北伐战争顺利推进之际，国民党内以蒋介石为主的右派叛变了革命，拿起屠刀杀向共产党。希伯当时也在北伐军中，他看到蒋介石的叛变行

▲德国共产党员，记者、政论家汉斯·希伯

为，十分痛恨，同时对中国的处境忧虑万分。考虑到自身的处境，愤而返欧。

1928年2月，希伯回国后，他根据在中国的经历，写了一本名为《从广州到上海：1926年—1927年》的书，他在书的前言里写道："中国的革命是生气勃勃的，富有战斗性的，尽管存在着暂时的困难，但千万万贫苦的中国人民必然会取得胜利……这本书献给中国革命和中国的英雄的无产阶级革命的先锋——中国共产党。"表达了他对中国革命和中国共产党的深厚情谊。

九一八事变后，希伯得知日军侵占中国东三省的消息，再次来到上海，以笔名"亚细亚人"在美国《太平洋杂志》和英国《曼彻斯特卫报》上发表政论和报道，揭露日本侵略罪行。"亚细亚人"意思是"亚洲人"，表明希伯对亚洲局势的关注和对遭受日本侵略的中国的同情。1932年秋，希伯携其夫人秋迪·卢森堡定居上海。当时在上海的包括史沫特莱、马海德、艾黎在内的几个外国友人，组织了一个国际马列主义学习小组，希伯是发起人之一。他们研究马列主义，更注意研究当时国际上和中国发生的一些重大事件，比如法西斯的兴起、蒋介石的反共"围剿"、中国人民在中国共产党领导下所进行的革命斗争，等等。

◎ 报道中国的抗战反法西斯运动

1934年，希伯由海参崴经苏联返回欧洲，半年后第三次来到上海，参加了中国的抗战反法西斯运动。

中国的抗日战争全面爆发后，中国再次实现国共合作，组成了抗日民族统一战线，希伯为之欢欣鼓舞。淞沪会战之时，他写了《中国由弱变强》的文章，在《太平洋事务》季刊上面发表，认为尽管上海失陷了，但日本侵略者面临的却是一支协调一致的全国性武装部队，日本在中国难以自拔，他断言中国将由弱变强。他把全部注意力集中在中国的抗战上，考虑的是怎样才能坚持抗战，怎样才能获得最后胜利。为了报道中国共产党抗日斗争，希伯决心到延安进行实地考察。1938 年春，经八路军武汉办事处安排，希伯来到革命圣地延安。在延安，毛泽东主席接见了他，并向他介绍了中国共产党抗日斗争的情况。他还访问了许多干部和群众，并参加了一些集会活动，对中国共产党的抗日民族统一战线政策及敌后军民的抗战热情有了深刻的感受。

1939 年二三月间，他与美国作家史沫特莱、记者贝尔登一起，从上海赴皖南泾县新四军军部采访，采访了叶挺、项英、陈毅等新四军领导人，还旁听了周恩来向新四军指战员传达党的六届六中全会精神的报告，希伯就此写出文章在《美亚评论》杂志上面发表。4 月，写成《长江三角洲的游击战》，介绍新四军建立了游击战场，超出了游击战的狭小形式，向正规战过渡，运动战与广泛的游击战结合，为抗战进行的全民动员和全民武装，都体现了统一战线的基本精神。6 月，发表《周恩来论抗日战争的新阶段》，重点说明中国抗日战争由防御阶段进入到了相持阶段，坚持抗战到底，一定会夺取最后胜利。面对国民党掀起的反共浪潮，希伯感到很痛心，他先后在《美亚评论》上发表了《法西斯轴心国同中国统一战线的较量》、《叶挺将军传》和《中国内部摩擦有助于日本》等文，坚决反对国民党对共产党军队的错误政策。

1941 年 1 月，中共宣布重建新四军军部，希伯在新四军驻

▲1940 年希伯和沈其震在皖南泾县云岭合影

上海办事处的精心安排下，专程去苏北新四军根据地采访。他先后到了盐城、阜宁，受到陈毅、刘少奇、粟裕等新四军领导人的热情接待。希伯深入军营、农村、学校，与士兵、农民、商人、学生等各界人士进行广泛接触，了解根据地军民的抗日活动和劳动、生活情况，积累了大量的第一手材料，很快就写出了 8 万字的《中国团结抗战中的八路军和新四军》，还写出《重访新四军根据地》《在亚洲的日本阵线之后》等大量报道和政论，肯定新四军团结抗战、顾全大局的正确立场，从各个方面介绍了新四军根据地，并且参加了反扫荡斗争。此时与苏北相邻的鲁南，八路军也开辟了根据地，但外界知之甚少，希伯决定去山东抗日根据地采访报道。

◎ 采访山东根据地

9 月 12 日，希伯到了山东滨海区。10 月 4 日到达八路军 115 师师部，与罗荣桓、朱瑞和黎玉等人见了面，山东抗日根据地的党政军民各界举行盛大的茶话会，热烈欢迎希伯同志。朱瑞同志代表山东分局、山东纵队宣传部长刘子超代表八路军、山东省战时工作推动委员会（简称战工会）副主任兼秘书长陈明代表山东抗日民主政府分别致词欢迎。希伯同志在致答词时，叙述了他自己的经历以及这十多年来他与中国人民共同奋斗的情形。他说："这次到中国的敌后方来，是我生平一次最好的旅行。在八路军和新四军的帮助下，在他们强大的武装力量的掩护下，我能够在日本占领区中，来往自如地旅行在广大的中国土地上。而且，八路军、新四军和所有在中国敌后坚持抗战和民主的人士，还给了我最大的方便与安适，这是许多外国记者所想象不到的。我一定要把我亲身经历到的一切事情，比如像我怎样在八路军的保护下闯过了日本的封锁线的事，真实地报道给全世界的人们，特别是关心中国的外国记者们，告诉他们：谁要想真正地了解今天的中国，真正地了解中国人民是怎样英勇地和他们的敌人坚持搏斗的，谁就一定要亲身到中国的敌后方来！"这些与中国人民心心相印的话语，赢得了全场一阵阵热烈的掌声。

这一段时间里，希伯白天采访，晚上写作，废寝忘食地工作着。在他住处附近的人们，每天深夜都可听到他的打字机在"嗒嗒"地响着，有时一直到天明。一篇记述他从苏北到山东的经过的通讯稿《在日寇占领区的旅行》，就这么赶写出来了。他满怀喜悦的心情，给远在上海的夫人秋迪写了信，让她也来山东看看，顺便取走他的文稿。由于山东抗日根据地斗争形势恶化，希伯被安排在山东分局机关活动，因为分局机关离战场毕竟远些，也就相对安全些。这时坐镇临沂的日酋烟俊六正在集中日伪军，策划对我抗日军民进行大"扫荡"，山东抗日根据地的形势日趋险恶，敌人采取"铁壁合围"和"篦式围剿"等战术，大举侵犯沂蒙山区。我抗日军民采取机动灵活的战术同敌人周旋，几乎每天都要和敌人打几次小的遭遇战。对于我们来说，实际上已无前方和后方可分。根据地领导劝说希伯同志回上海，但他坚决不同意，说一个想有所作为的记者，是从来不畏惧枪炮子弹的。为了使希伯尽快适应这种战争环境，每次行军中，八路军干部战士都要手把手地教他，怎样注意前后联系，不要掉队；注意上山下山时脚步要稳，不要摔倒；注意行军规则，不要高声喧哗。希伯认真听着，并照规定做着，不久便俨然成为一名训练有素的战士。这位可爱的"外国八路"，和八路军一起行军，还坚持进行战地采访，从不落伍，从不要求照顾，表现了一个反法西斯战士的崇高品质和牺牲精神。1941 年 11 月 5 日，日伪军 2 万多人在飞机、大炮、坦克的配合下，从临沂、费县、平邑、蒙阴、莒县分十一路向沂水县南部之留田（今属沂南县）扑来，妄图将驻在这里的 115 师主力和山东分局机关包围消灭。罗荣桓政委在留田附近的一个山村——仁家沟，召开了一次紧急军事会议，研究部署了突围的方案。黄昏后，希伯跟着突围。当晚，月光淡淡，夜色蒙蒙，敌人在周围的山头上，燃起了一堆堆大火。八路军和敌人相距最近的时候，只有一两公里，但八路军依靠熟悉的地形和准确的情报疾行，肃静无声，到 6 日拂晓时分，胜利地钻过了敌人的"铁壁"，安全到达了费县汪沟一带，就地休息待命。希伯了解了详细情况之后，兴奋地说："这一夜，是我一生最难忘的夜晚。比起在西方参加过的任何一次最愉快的晚会，都更有意义，更值得留念。"他提出，要立即给八路军115师出版的《战士报》写篇文章，赞颂这次突围的指挥神奇以及山东抗日军民所表现出来的严密的组织性和纪律性，欢呼这个奇迹般的胜利。于是他不顾一夜奔波跋涉的劳累，坐在一块大石头上，以腿当桌，写出了一篇题为《无声的战斗》的稿子，由陪同的翻译小方同志译成中文，旋即送往《战士报》社，希伯的这篇稿子，不久就被套红刊登在《战士报》的头版上。文章称赞这次突围是一场无声的战斗，八路军一枪未放，就突破了敌人三道防线！希伯的这篇文章，在山东抗日军民中引起强烈反响，起到了激励和鼓舞士气的作用。

▲1941 年，希伯在苏北抗日根据地。

◎ 牺牲在山东战场的洋八路

11 月下旬，日军"扫荡"与抗日军民反"扫荡"的斗争更加白热化。希伯跟着八路军的队伍，在东蒙山中与敌人"推磨"。大家多次劝他早日离开山东，但他坚决不肯，一再表示："现在正是最需要我奋斗的时刻，我要和你们在一起。"

但不久，即发生了鲁中南地区抗战史上最悲壮的一次战役——大青山战役。

11 月 29 日晚上，希伯随山东分局机关和山东省战工会向沂南县和费县交界处的大青山转移，那里是我抗大分校的驻地。事先得到情报说，那里没有敌情。但经过一夜急行军，赶到了沂南县崖子乡的西梭庄一带，此时已是 11 月 30 日凌晨，天才蒙蒙亮，周围山头上突然响起了枪声，仔细一看，周围山头上都是敌人，希伯跟随的八路军被日军一个混成旅团包围了，形势十分险恶。当时我部只有一个特务连和一些抗大学员，敌众我寡，战斗异常激烈。为了掩护机关转移，部队首长决定将所有人员组成三个分队，分批向南突围。希伯谢绝随第一、第二两分队先走，毅然拔出手枪加入最后突围的第三分队。敌人以密集的炮火，从四面八方压过来，将突破口封锁了。希伯的战友翻译和警卫员，为了掩护他而先后英勇牺牲了。希伯看着倒在自己身边的中国战友，无比悲痛，他拿过牺牲同志遗留下的武器，向敌人猛烈射击。突然，一发子弹打中他的臀部，鲜血沿着大腿流淌下来。他顾不上包扎，顽强地向敌人继续射击。又一颗子弹打中了他，希伯胸前涌出了鲜血。他咬紧牙关，挣扎着要继续战斗，一发炮弹又落在了他的附近，全身五处受伤的希伯终于倒下了。

希伯牺牲了。他是一个著名记者，却是以一个战士的身份在战场上牺牲的；他是一个欧洲人，却是在中国的抗日战场上牺牲的。为支援中国人民抗日战争而以各种方式进行斗争的外国友人很多，但是，穿上八路军的军装，亲手拿起枪来同法西斯强盗战斗而死的欧洲人，他是第一个。希伯同志用鲜血和生命支援了中国人民神圣的民族解放战争，在山东抗日战场上最严峻、最困难的一段时间里，他不避危险，与中国人民同生死、共患难，他是中国人民真正的朋友。希伯同志的英名，将永载中国革命的史册，与中华山河同辉。

希伯牺牲后，中共中央山东分局机关报《大众日报》发表了题为《纪念国际战友——希伯同志》的社论，高度赞扬了希伯同志殉身于中国抗日战争的伟大国际主义精神。

1944 年，山东军民在赣榆县马鞍山（现为抗日山）上，为希伯建立了一座高大、洁白的圆锥形纪念碑。碑上镌刻着山东军区司令员兼政委罗荣桓、副政委黎玉、政治部主任肖华的联名题词："为国际主义奔走欧亚，为抗击日寇血染沂蒙。"1963 年 10 月，希伯的遗骨又被迁至临沂地区烈士陵园，安放在专为他修建的一座陵墓里。

不屈不挠永不言弃的路易·艾黎

路易·艾黎（Alley Rewi, 1897—1987），新西兰著名的作家、教育家和社会改革家，出生于新西兰坎特伯雷地区斯普林菲尔德镇。1916 年末的一战期间，路易·艾黎中学未毕业便参加新西兰远征军赴欧作战，曾两次负伤并荣获军功章。第一次世界大战结束后回国，与人合作开办牧场。六年后他把牧场交给准备结婚的合伙人，自己则前往中国，因为这之前，他经常阅读《奥克兰新闻周报》，上面关于中国北伐战争的消息，使他想到中国去看看这个东方大国，究竟发生了什么。

▲新西兰著名的作家、教育家和社会改革家路易·艾黎

◎ 来到中国

1927 年 4 月 21 日路易·艾黎到达上海。经朋友介绍，他在上海工部局消防处任防火督察的职务，负责对租界里工厂的防火措施进行检查。他不停地到各工厂去督察，看到资本家雇

佣童工，鞭打孩子，这是与他所秉持的"依靠自己的双手，人人平等，劳动创造财富"的价值观格格不入的。六个月签证到期，由于休息时间他到上海周边地区考察，了解到各种不同的情况，特别是在无锡看到共产党员因为进行工人运动而被枪杀，促使他研究马克思的《资本论》，从而觉得中国旧的制度必须推翻，他决心投入中国人民变革社会的斗争。

1929年，路易·艾黎参加在绥远地区的赈灾工作时，结识了同车的美国记者埃德加·斯诺。

1932年末，艾黎经一位美国朋友介绍，认识了史沫特莱，通过史沫特莱，又结识了宋庆龄、鲁迅、冯雪峰、陈翰笙、黄华等一批中国进步人士。1934年，艾黎和上海一些进步的国际朋友成立了社会科学研究小组。他们学习《共产党宣言》《雇佣劳动与资本》等马克思主义经典著作，还有其他关于剩余价值学说、土地私有制问题、社会发展史、亚细亚社会革命道路的论述等。他们经常结合国内外时事进行讨论，并和中国共产党建立了联系。他在愚园路的住所成为党的地下工作者碰头地点和避难所，上海地下党曾在他的顶楼架设过秘密电台。他还和史沫特莱、刘鼎等多方设法为红军购买医疗器械和药品。1936年西安事变前夕，他冒险去太原，为中国共产党兑换红军在陕西缴获的地方钞票。美国友人格兰尼奇夫妇主办进步英文刊物《中国呼声》期间，他是积极的支持者和撰稿人。

◎ 发起一起干的"工合"运动

七七抗战爆发的时候，路易·艾黎正在环游世界度假，因为担心他收养的两个养子的安全，1937年10月，他回到了被日军破坏殆尽的上海，当时斯诺作为英国《每日先驱报》的记者也来到了上海。面对上海被日军疯狂损坏的千疮百孔的工业，成千上万的难民，艾黎开始考虑如何以他在工厂督察工作中取得的实际经验来为抗战力量服务，想把劳力资源组织起来建立抗战的工业。斯诺夫妇和路易·艾黎一直探讨如何帮助抗日战争时期的中国和大量的难民，11 月，在上海的斯诺夫妇和艾黎议论了一个"在非敌占区发起一个建立一连串的小工业合作社的想法"，"给人们一个机会自救和救亡"。于是，先由艾黎起草了方案，三个人又对方案进行了修改，然后请上海《密勒氏评论报》的鲍威尔印成小册子，斯诺把这个小册子送给上海各界人士传阅，立刻引起了人们的兴趣。1938 年 4 月，上海第一个工业合作社促进委员会成立了。艾黎在从自己的办公处穿过马路，去定制徽章的途中，想出了一个简单的名字"工合"——英文直译是"一起干"，以此来代表他所发起的工业运动和合作社。他们认为中国最需要的是工业，是能在敌人非战区发展起来，机械化程度不很高的小工厂工业。他们首先得到了宋庆龄的大力支持，此外还争取了国民政府主席蒋介石夫人宋美龄的支持。艾黎的想法，同样也得到了周恩来和八路军办事处朋友们的极力支持。周恩来派王炳南参加了多次"工合"的早期会议，博古也多次看望艾黎，并帮他制定政策。

1938 年 8 月 5 日，中国工业合作协会在武汉成立。国民政府财政部长孔祥熙任该会理事长，聘艾黎为技术顾问，并准许他到敌后任何地方履行工作。年底，中国工业合作协会在重庆正式成立，并在西北、川康、东南、西南等地区设立工合办事处，下设工合事务所，组建各种工业生产合作社，在宝鸡设立了第一个地区办事处，1939 年初，路易·艾黎在赣南亲自负责成立了东南办事处，在东南地区，"工合"的主要任务就是

▲路易·艾黎是"工合"的创始人之一

设法帮助供应和武装新四军，以抗击日本侵略者。在艾黎的积极推动下，1939 年初，江西赣州成立了"工合"办事处。随后一年多的时间，赣州及其附近地区，便建立了约 130 个合作社，有各种技能的难民们都被组织起来，在机械、造船、印刷、纺织、制革、制鞋、毛巾、袜子、砖瓦等各行业的合作社里工作。一种发展战时经济的新气象，很快在这一地区传播开来，甚至在拘留着支持过共产党的井冈山农民的县监狱里也有合作社。

茂林地区是皖南新四军根据地的中心，也设立了一个"工合"事务所。艾黎两次到这一地区，帮助建立"工合"干部培训学校，组建满足军队需要的印刷车间和各种消费合作社。新四军军长叶挺曾专门致信，感谢"工合"协会在皖南的工作，认为它有力地支持了新四军长期开展敌后游击战争，增强了部队对敌斗争的物质力量，并有助于当地人民实现自给自足。

"工合"协会组织的合作社，约半数在西北区、东南区，30% 在川康和湘桂，包括纺织、衣被、制革、五金、矿冶、军工等十几个部门。产品主要供应军需民用，其中军毯一项，先后完成 193.5 万条，部分产品用于出口。各区设有联合社，开展供销业务。1942 年底统计，设有 72 个"工合"事务所，近 3000 个"工合"社，社员 3 万多人，每月生产总值 2500 万元，社员股金 600 万元，工业合作协会和银行对"工合"社的贷款约 8000 万元。曾先后接受美英等国友好人士和进步团体援助款项约 500 万美元。"工合"社实行民主办社，并重视干部培训。

在晋西北地区，当艾黎了解到游击队急需制造手榴弹，他立即想到这个地区目前最需要的是寻找铁矿和炼铁的知识技术。于是，他设法把一个炼铁合作社迁到了这里，帮助八路军制造手榴弹等军需物资。同时，他还向驻中国战区参谋长史迪威将军建议，成立 300 个左右的小型机械工厂，为八路军提供制造枪炮必要的物品。这项建议得到了史迪威的支持，虽然此项计划没有完全实现，但已经办成功的几个小厂却非常有用。

武汉陷落后，"工合"总部迁至重庆。艾黎在重庆八路军办事处的帮助下前往延安，开始了在延安的"工合"工作。艾黎的工作得到了毛泽东和边区领导的支持，他们早已同意在延安设立一个中国工业合作社的辅导站，并开挖了窑洞，作为办公地点。

延安的"工合"工作开展得相当红火，在陕甘宁边区第二届工农业产品展览会上，延安"工合"合作社生产的 100 多种产品都在会上展出。延安"工合"合作社的创办，使"工合"协会成为一个跨越国民党和共产党两大区域的组织，在某种意义上维系了当时的抗日民族统一战线。"工合"增强了抗战信心，繁荣了中国农村。从 1938 年"工合"组织成立，到 1944 年"工合"运动总体上走向衰落，艾黎整整辛勤工作和奔波了六年。他时常要去重庆的"工合"总部，应付各种繁杂的事务，要定期向香港的"工合"国际委员会汇报工作，还要到所有地区的"工合"办事处去视察工作。几乎当时整个非敌占区，都留下了艾黎的足迹。哪里有合作社，哪里就有艾黎的身影。他每到一处都深入下去，参加具体的实际工作，都与老百姓打成一片。他一口流利的中文，使他更自然地与中国人民融为一体。他的名字"艾黎"在人们的心目中，已成了"工合"的同义语。

▲路易·艾黎（左一）在陕北

艾黎的旅途千辛万苦，路上有什么交通工具就使什么交通工具。骑自行车、搭救护车或骑马，更多的时候是徒步或坐在卡车上当"黄鱼"（当时人们对搭车人的称谓）。战争年代的旅途是艰险的。敌机轰炸、土匪抢劫，对艾黎来说，已经是不止一次的经历。艾黎在各种气候、各种道路条件下长途跋涉，一个又一个的"工合"中心，一日又一日地走访，一年又一年地工作，他不停地为"工合"的事业忙碌着。成功的振奋，失败的沮丧，不停地交织往复，只有一个信念在支撑着他："我始终把我们工作的重大意义记挂在心，在任何条件下——不论战争还是和平——它都极为重要，它包含着一个真正的未来的种子。"①

1939 年 5 月，艾黎在一次对福建、浙江、安徽的视察之后病倒了。伤寒和疟疾使他整整卧病两个月，人瘦得不成样子，连着三个星期只能喝一点米汤，连赶来为他治病的医生，都不指望他还能活下去。正在这时，重病中的艾黎收到了一份国民党财政部部长孔祥熙从重庆发来的命令，要他停止组织合作社的工作。艾黎知道，合作社办得太成功了，因此招来了麻烦。艾黎坚决拒绝执行这一命令，他向孔祥熙复电表示："尽管你要求停止组织合作社，我们必须有某些新的社以代替老社。"不仅如此，艾黎还同时向这位财政部部长提出了增加拨款的要求。

"工合"运动的不断发展，使"工合"组织实际上成为当时很大的群众组织，而合作社的辅导员又大多是爱国的知识分子，尤其是"工合"对共产党区域的生产的帮助，使国民党当局深感不安。国民党不断加紧对"工合"控制和破坏，并直接对"工合"合作社的社员下手。艾黎不仅要应付来自上面的种种压力，与有关当局周旋，还得花费相当多的时间和精力，帮一些被当作"赤色分子"抓起来的技术员和合作社社员获释。

艾黎一直坚持"工合"组织的独立自主性，尽一切努力不使"工合"运动成为一种政治玩物和达官贵人们的生财之路。1941 年以后，由于"工合"运动的大量宣传介绍，国外的捐款

---

① 《艾黎自传》，载白求恩精神研究会网，http：//www．bqejsyjh．com/News-Look．asp？p＝&SID＝124&NewID＝1915&FID＝80。

大量增加。1942 年 5 月，孔祥熙派使者到美国，企图把"工合"的全部资金纳入国民政府的渠道。但由于艾黎等人的不合作，他的计划未能实现，所有的捐款仍然全部由"工合"国际委员会接收和支配。这可惹恼了国民党的显要们，他们不择手段地散布谣言，诋毁艾黎。1942 年 9 月，艾黎接到重庆发来的电令："行政院决定终止你'中国工业合作社'技术专家的职务。"接着又许诺说，将给他经英国去新西兰或他愿意去的地方的头等船票，还付 2000 美金的补偿费。显然，在各种手段用尽的情况下，他们开始赶艾黎走了，让艾黎离开"工合"。

艾黎并没有放弃他的理想，离开他的事业。解职，只不过使他绕开重庆而已，他依然以"工合"国际委员会实地工作秘书的身份，不辞辛劳地继续工作着。

▲路易·艾黎和他收养的中国孤儿

◎ "工合"培黎学校

"工合"运动开展起来以后，各地急需各类技术人员，急需有能力有经验的负责人。于是，"工合"决定举办训练班，为合作社培养技术员和指导员。艾黎把这种培训班叫作"工合"培黎学校，"培黎"是为纪念美国人约瑟夫·贝利——一个献身中国教育，提倡独立思考、进行创造性劳动的老人。同时，"培黎"还有"为黎明培训"的意思。

培训主要围绕着生产部门进行，课堂作业是次要的。每天有半天时间用于生产实习，教学生如何利用和开发当地可以得到的原料；另外半天则上课讲理论。整个学制是一个理论与实际紧密结合的集体，至少生产自己需要的部分物品，因为最理想的那些学生家里太穷，交不起学费。

第一所培黎学校，是1940年在江西省赣县创办的，学校的建立，为这一地区的合作社输送了一批技术骨干。此后，艾黎开始在全国各地试办培黎学校。1940年秋，设在宝鸡的西北办事处也开了个类似的短训班，但只办了六个月。另外两个学校，一个在广西的桂林，一个在湖北的老河口，开办不久都被当地国民党官员解散了。随后，又在西北的双石铺、洛阳和兰州各设过一所学校，兰州市至今还有一处"培黎广场"为永久纪念地。

双石铺是陕西省秦岭山区的一个小镇子，抗日战争初期"工合"在这里建立了一个合作社中心，希望它能成为游击部队的工业基地。开始时，学校仅有山坡上的三间房，当中一间是纺织车间，另外两间是教室兼宿舍。只有十几名学生，由一名教师负责，他要为让孩子们有饭吃、有事干而操劳。结果，一个个教师很快相继弃职而去。英国青年乔治·何克被派去接任时，他已是1941年的第九任校长了。学校是为普通的合作社徒工或逃难的工农子弟而设的。

但是由于"工合"与国民党关系破裂，学校受到特务的监视，同时国民党逼迫学生们去参加"青年军"，再加之当时路易·艾黎四处为学校募到的捐款也常常被国民党截留，学校办得很艰难。于是，在1944年冬天，学校师生开始分批从陕西双石铺艰难搬迁至甘肃张掖山丹，1100多公里，途径两个高山关口，其路途之崎岖、条件之艰苦，常人难以想象，堪称"小长征"。到山丹后，因为学校的生存问题，路易·艾黎需要经常到重庆等地争取"工合"国际委员会的更多地帮助，山丹培黎学校主要是何克带领孩子们坚持建设和教学。

▲路易·艾黎与培黎学校成员

在山丹，何克和孩子们几乎全靠吃窝头、小米粥和土豆过活，山丹土地贫瘠条件鄙陋。没有蔬菜，他们自己垦荒种菜，聊以过冬。

何克认为在这个提倡"手脑并用"、重视理论联系实际的时代，学生的劳动观点和文化理论学习同等重要。学校不久有了毛纺厂、棉织厂、机械厂、电器组、汽车运输组、陶瓷组、化工组、造纸组、印刷组、玻璃组、采煤组、实验农场。何克在给母亲信中说："能把自己的一生和这些孩子联系在一起是很有意义的事。"

1945 年 7 月 22 日，乔治·何克在建设校园过程中不幸受伤感染，导致破伤风，由于缺医少药，不治辞世，享年 30 岁。他临终前要艾黎拿笔和纸来，写下了"把我的一切献给培黎学校"一行字。孩子们把书写有他们自己姓名的校旗放入棺木，乔治·何克的这"一大家子人"围着坟墓唱起了校歌，行三鞠躬礼与他告别。艾黎和同学们把何克埋在了南门外的一小块空地旁，希望他每天能听到他们的欢声笑语。

路易·艾黎的培黎学校为中国培养了大批优秀的工程技术人才。

路易·艾黎在华六十年，始终与中国人民同呼吸、共命运，同中国的革命前辈建立了真挚的友谊，他把自己的全部心血和精力毫无保留地献给了中国人民的事业。

路易·艾黎在"中国缘——十大国际友人"活动中被评选为中国的十大国际友人之一。

白求恩精神永放光芒

亨利·诺尔曼·白求恩（Henry Norman Bethune，1890—1939），加拿大安大略省格雷文赫斯特镇人，医学博士，加拿大著名胸外科医师、医疗创新者及人道主义者。1916 年毕业于加拿大多伦多大学医学院，获学士学位。1917 年又返欧洲任海军中尉医生，1919 年战争结束后他结束这段服役。后还在空军中服役，研究飞行员失明问题等。1920 年，白求恩在伦敦医院工作，1923 年结婚，其间因为他感染肺结核而离婚。医生采用人工气胸的方法治疗好了当时被认为是绝症的肺结核，之后白求恩就开始了胸外科的研究，他发明了 12 种胸腔设备，其中白求恩肋骨剪现在仍在使用。1935 年 11 月加入加拿大共产党。

1936 年冬，白求恩志愿去西班牙参加反法西斯斗争。期间发明的战地输血方法成为阵地救护负伤战士的最有效果的办法，输血工作在长达 1000 公里的战线上进行得很有成效，装备了一辆有特殊装置的卡车，有特殊的冷藏器、储藏的血液和输血设备，去

▲加拿大共产党员亨利·诺尔曼·白求恩

前线为伤员输血。白求恩是世界上流动血站和输血技术的创造者。

◎ 到中国去——我最能够发挥作用的地方

为解决中国军医缺乏问题，史沫特莱积极号召外国医务志愿者来中国，加拿大著名医生诺尔曼·白求恩与理查德·布朗、印度著名外科医生柯棣华等受到她的影响来中国参与支援抗战。

1938 年 1 月初，白求恩在加拿人共产党、美国共产党、中国同盟会，以及美国和平民主联盟的支持下，率领美加联合医疗队从温哥华来到中国香港，2 月 20 日到达汉口，22 日坐火车离开汉口。经过战火中的郑州、潼关，渡过黄河，又坐上了同蒲线的火车北上，乘着挤满了难民的列车两天后到达临汾。1938 年 3 月 4 日，白求恩在中国河津的路上度过 48 岁的生日，一天后此处就被日军占领了。

◎ 到前线去——组建战地医疗队

渡过黄河后，1938 年 3 月 19 日，白求恩到达西安，会见了史沫特莱，辗转到达延安，第二天夜里见到了毛泽东。白求恩说自己发挥作用的方式是组织战地医疗队，适合在前线附近工作，照顾重伤员。他强调腹部受伤的伤员如果立刻做手术，百分之七十五可以救活。毛泽东听了非常兴奋，特别支持白求恩建立战地医疗队，并且就中国的抗日形势等问题与白求恩进行了深入的交流。白求恩在他当天的日记里称赞毛泽东是一位巨人，中国一定能够战胜日本的侵略。

4 月 24 日，白求恩开始巡视延安北面贺家川的后方医院，这里有 175 位伤病员，在恶劣的条件下都没有得到及时治疗，白求恩他们参与了救治伤员的工作。到 6 月底完成了巡视工作。

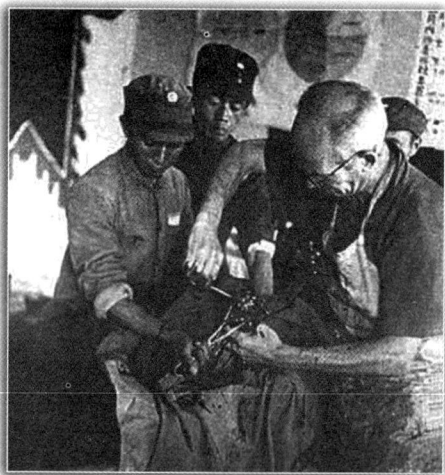

▲1938 年 8 月，白求恩大夫在五台山松岩口"模范医院"手术室进行手术。

◎ "五星期" 运动——建立松岩口模范医院

晋察冀军区三个后方医院，分别位于河北村、河西村、松岩口。白求恩带着医疗队来到五台山脚下的松岩口村，查看了松岩口村军区医院的伤员们的病情，指挥村里的群众盖起了一个手术室。虽然按照西方的标准，这个手术室过于简陋，但却是边区第一个真正的手术室。他组织了几个清洁队，进行清除垃圾、残食以及污秽的纱布和绷带的工作，并负责维持病房的清洁。他建立起了一系列卫生制度，从扑灭苍蝇到焚化垃圾。他画出图样让人做了一个器械和绷带的消毒器，找人专门制作了固定胳膊和腿的夹板、担架、病员证章、保存食物用的盆桶以及敷药时用的标准托盘。他在医院外面选了一块地方，叫人整理平整，安放了一些舒适的椅子，成为伤员们养伤娱乐休息的地方，还开辟了一间房子为俱乐部，作为游乐、演讲、开会、看书、写信的地方。村里妇救会为医院做了50套病员衣服、枕头、被子及油布床单，这些东西都被用在了前几天清理过、刷过浆、消过毒的病房之内，这里的伤病员成了晋察冀军区最先穿上病员服和睡上床单的人。到"五星期"运动的第四周，就如期完成了建一所模范医院的目标，病房打扫并改建了，医生和护士的职责都有了明确的规定，新的设备也都已经装好并分别用上了，已经完全符合白求恩所定的模范医院的标准了。期间，白求恩给医务人员从各个方面讲课培训，讲授基本的医学知识，解剖学、创伤治疗法、生理学，等等，这种做法一直坚持了很久。1938年9月15日，模范医院正式启用，军区卫生部代表、八路军军官代表团、晋察冀统一政府代表团及群众2000多人参加了盛大的典礼，开幕仪式是从医院工作人员和准备讲话的人到病房慰问伤员开始，然后集中到医院前面的广场上，主持人宣布开会并讲话，以七面分别写上了"白求恩大夫，我们的导师、战友、卫生顾问、医生、友人、榜样、同志"的红旗为礼物送给白求恩。白求恩眼含泪水进行了长篇讲话，他感谢大家对他的友好感情，他说："我们都是国际主义者，因为日本和战争贩子们在威胁世界和平，我们必须击败他们，美国、加拿大和英国的工人以及爱好和平的人们愿意来帮助保卫中国。"他仔细地讲解了作为医务工作者要学会哪些技术，为伤员服好务。在晋察冀军区艰苦的斗争岁月中，岩松口的模范医院仅存在了十天。它在1938年9月25日日军的大扫荡中，被野蛮地烧毁了。但百姓们把伤员接走，在日军撤退后，又在另外的地方建立起医院，并且是深挖窑洞，拆迁了 20 次，最后建起了白求恩国际和平医院。

◎ 志愿输血队

白求恩为了让中国人知道输血可以救活伤员，在一次转移下来 56 位伤员的时候，集中了全村的老乡来到医院。他仔细给大家看伤员的情况，一位年轻的战士，生命垂危，失血过多，白求恩通过演示自己抽血输到这名战士的体内的示范告诉大家，怎样救活这样的伤员，从而在松岩口村建立了第一个志愿输血队，原来因为不了解献血而恐惧的人们主动献血了。

▲白求恩是全世界"战地输血车"的发明人

◎ 医生们，到伤员那儿去

　　白求恩在八路军晋察冀军区的各个战区翻山越岭，巡视所有的伤病员所在地，为需要手术的伤员做手术，平均每天做20例手术。白求恩带领医疗队每到一个村子，就立刻把简易手术室布置起来，给外科伤员做手术，然后再去看望分散在老百姓家里的伤员。这项工作之后，他集合全村的居民，给儿童检查身体，给生病的老百姓诊治，并巡视当地的卫生工作。战地医疗队的全体人员都习惯了白求恩的步伐：天没亮就起身，徒步或骑马进行很劳累的行军，每到一个救护站或者后方医院就立刻进行检查和手术，略微休息一下让大家睡觉，随后就又向下一站进发。白求恩为战地医院设计了一种新式运输工具——"卢沟桥"，以便运载一个手术室、一个换药室和一个药房所必需的一切药品。白求恩的简易手术室由两头骡子驮着，包括一张能折叠的手术台、一整套外科器械、麻醉药品、消毒药品、腿和胳膊的夹板，消毒纱布及其他必需用品。1939年夏，白求恩在晋察冀卫生学校讲授"野战外科示范课"。刚一上课，白求恩先对护士赵冲说，把"卢沟桥"打开。这是白求恩为野战手术而设计的一种桥型木架，搭在马背上，一头装药品，一头装器械。护士把"卢沟桥"搬下来，拿出东西，不一会儿，手术台、换药台、器械筒、药瓶车、洗手盆等一一就绪，医生、护士、司药、担架员、记录员各就各位，简易手术室就布置好了。下一步是示范伤员进入手术的过程，伤员从门外抬入、搬动、解绷带、检查伤情、换药、包扎或手术都井然有序。第三步是手术室的撤收，全部用品有条不紊地归位，最后把"卢沟桥"驮到马背上。他们到达359旅所驻防的村子后，看到伤员没有被很好地保护而不得不截肢，白求恩异常气愤，严厉批评负责的医生，顾不上吃饭就赶紧为战士做截肢手术，但后来了解到负责医生是自学的医术，实际上是没有经验，不懂得伤员的需要。

为了避免因为伤员在转运过程中没有得到必要的照顾从而使得伤情加重造成不必要的损失，王震旅长在陪同白求恩连续做了 24 小时手术后，讨论切实可行的办法，在前线与后方之间的村子里设立一系列的救护站，站上配备卫生工作人员和器械，给向后方运送的伤员进行初步治疗。

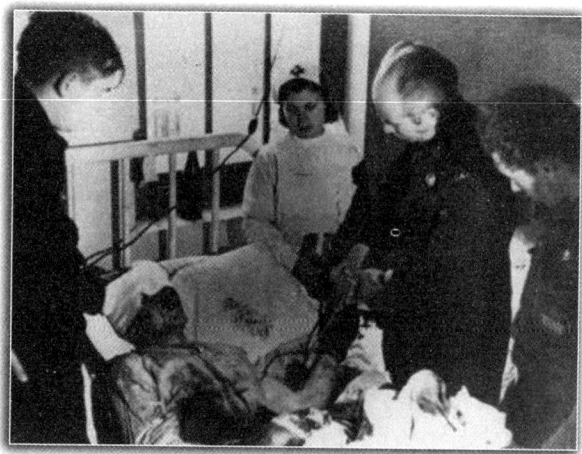

▲白求恩从伤员身上取出弹片

◎ 白求恩就在我们后面

白求恩参加了 359 旅山西广灵、灵丘之战的战地救护，他的手术室设在两个突击部队的中间，距离公路 1 英里的地方。每一个伤员被抬下来，都得到及时救护。整整一夜白求恩做了 25 台大手术；又一个白天开始了，做到了第 50 台。战斗继续进行，战士们喊着"白求恩就在我们后面"的口号冲向敌阵。战斗进行了 47 个多小时，当战斗进行到 7 小时 15 分钟时，第一个伤员抬下来，白求恩连续 40 个小时做了 71 台手术，一直没有休息，坚持到了最后。

1939 年初，白求恩来到战事集中的冀中平原，观看了一幕以白求恩为原型创作的话剧表演，这是对白求恩表示欢迎的节目。之后，白求恩走遍了冀中军区的六个分区，巡视各后方医院。有 2000 人以上的伤员分散在冀西各医院的村子里，白求恩走遍冀中，从一个危险的地方跑到另一个危险的地方，在火线附近做手术，组织临时救护站，给后方的医生举办实习周，为贺龙 120 师部队就地建立战地医疗队。除此之外，赶上战斗还要紧急为新受伤的战士们做手术。3 月 3 日，日军向河间进攻，白求恩从晚上 7 点一直工作到第二天早晨 6 点，为 40 个重伤员，做了 19 台手术。齐会战斗开始了，白求恩冒着炮火，在 69 个小时里给 115 个伤员做手术。战士们知道白求恩就在他们身后，非常勇敢！没有麻药了，最后 10 个小时，白求恩非常迅速地为 14 个伤员做了没有麻醉药的手术。一星期以后，宋家庄战斗开始了，敌人的炮弹把白求恩做手术的小庙的墙和屋顶炸坏了，但他仍然坚持完成手术，后来把伤员转移到安全地带。

白求恩根据自己的经验，一面及时跟进战斗，及时救治伤员，一面不断培养八路军的医护人员，但物资的极大匮乏一直困扰着他。因此，他一直积极联系国际援华委员会，寻求帮助，但是国民党当局不允许给共产党部队援助，白求恩决定亲自回国为八路军募集 5 万美元，在此之前，他要巡视一下伤员情况。10 月份，日军又发动了新的进攻，白求恩义无返顾地又投入到伤员的抢救工作中去了，把手术室设在了戏台上。敌人从后面偷袭来时，白求恩坚持做完了最后一个手术，撤退到山谷时，敌人进村了。就是在这样紧张的手术中，由于没戴防护手套，手指被划伤。第二天，在另一台外科手术中，受伤手指感染了。白求恩病了，并且不断发烧，因为感染导致血液中毒，得了败血症，没有能够及时治疗，也没有必需的药物，最后在河北黄石村离开人世，时为 1939 年 11 月 13 日，享年 49 岁。

中国共产党及其领导的军队为白求恩举行了隆重的葬礼，大家都在纪念他，战士们呼喊着他的名字杀向敌人，他是受伤战士们的保护神。虽然他不幸去世了，但是他的中国战友，他的学生们会继承他的遗志，照顾好伤员们。不仅在他安息的中国大地，而且在世界各地，他的精神永放光芒。

献身中国抗战的柯棣华大夫

柯棣华（Dwarkanath Shantaram Kotnis，1910—1942），原名德瓦卡纳特·桑塔拉姆·柯棣尼斯。德瓦卡纳特是他的名，桑塔拉姆是父名，柯棣尼斯是姓，柯棣华是他到中国以后取的中国名字。1910年他出生于印度孟买的绍拉普尔村。他出生以后，绍拉普尔逐步成为了重要的纺织工业中心，父亲是棉纺厂的主任，后任市参议员、荣誉法官等职，最后担任市政府的副主席。母亲为家庭主妇。柯棣华上小学时学习很好，从小就养成遵守纪律的习惯和乐于助人的精神。中学毕业后，1928年柯棣华进入了知名大学——浦那德干学院预科，并学习三年，1931年考取了孟买卡瓦亨达斯·森德多斯医学院。院长吉·梅塔博士是一位民族运动领导人，柯棣华因为参加学生运动被迫转学，1932年12月转到印度建校历史最悠久、最受崇敬的医学院之一的格兰特医学院学习。1936年毕业，获外科医学学士学位，并因学习成绩优秀留校任教。1937年又获住院大夫职位。但他还不满足，打算继续深造，

▲ 柯棣华

希望有机会再考取英国皇家外科学院会员的资格或医学硕士的学位。

◎ 参加印度援华医疗队

1937 年 7 月 7 日，卢沟桥抗战爆发，日本帝国主义发动了全面侵华战争。中国人民奋起反抗，开始了全民族的抗战，得到了世界人民的支援。9 月 14 日，时任印度国大党主席的尼赫鲁向新闻界发出声明："对这一悲剧不能袖手旁观。因为这也许对印度本身产生相当大的影响。我们必须组织抗议活动……" 9 月 20 日，尼赫鲁致信移居英国的印度人为支援中国成立的伦敦委员会："尽管我们自己眼下软弱无力，为中国人民做不了多少事情，但我们的心是和他们在一起的，我们应该竭尽全力地帮助他们。"他号召印度全国在 1937 年 9 月 30 日举行"中国日"，在全国上下掀起了一场声势浩大的援华抗日活动：集会游行、发布宣言、捐款献药、抵制日货、不为日本运输、不生产战争物资……

史沫特莱与尼赫鲁早期就相识，1937 年 11 月 23 日，她亲自给尼赫鲁写信，并且也建议共产党八路军总司令朱德写信，寻求印度国大党的援助。1937 年 11 月 26 日，朱德给印度国大党领袖尼赫鲁写了一封信，代表中国人民特别是八路军官兵，由衷地感谢尼赫鲁在印度公众集会上为声援中国人民的抗日救国斗争发表的演说，特别表达了中国人民决心把反抗日本侵略者的斗争进行到底的坚定信念，同时深切希望得到印度人民在道义和医疗等方面的援助。1938 年 7 月 7 日，宋庆龄致函尼赫鲁，托一位年轻的英国人约翰·利宁经印度回英国时带去，信中说，中国人民"获悉印度人民所表示的同情和支持，深为感谢和极受鼓舞，我借此机会表示我们的感激和同志情谊"。

尼赫鲁收到朱德总司令来信的当天，即明确表示愿意向中国派遣医疗队。1937 年底，印度国大党在哈里普拉年会上通过了由尼赫鲁发起的派遣医疗队和提供医药给中国帮助的决议。国大党的决议在印度各界引起积极响应和热情支持。1938 年 1 月 9 日，全印度又一次掀起了声势浩大的"中国日"活动，以此来进一步表示对中国人民抗击日本侵略者的同情和支援。

1938 年 6 月 29 日，孟买又举办了"中国日"活动。在一派援华热的潮流中，柯棣华决心放弃已经拥有的稳定职业和考取英国皇家医学院的机会，未与家人商量就给他所在医学院的院长、当时担任援华委员会主席的梅塔博士写信，慷慨陈词，申请参加援华医疗队。尽管开始全家对柯棣华的这一决定感到非常突然并且不能理解，但柯棣华的决心终于感动了开明的父亲，并很快赢得全家的支持。

1938 年 8 月下旬，印度援华委员会正式公布了由五人组成的印度援华医疗队成员名单。队长马登·莫罕拉尔·爱德是著名的外科医师，他是尼赫鲁的亲戚，英·甘地夫人的舅舅，具有丰富的国际活动经验，曾参加过印度赴西班牙医疗队，向西班牙人民提供医疗援助；副队长莫勒斯旺·拉姆昌德拉·卓克是甘地的信徒，著名的胸外科专家，当时已近 60 岁，是医疗队最年长的一位。其他三名都是刚大学毕业的年轻医师：比乔埃·库马尔·巴苏来自达卡，已婚，是印度共产党党员；来自加尔各答的德本·木克吉是一个民族社会主义者，他和柯棣华都是单身汉。

◎ 印度医疗队来华

1938 年 9 月 1 日深夜，印度援华医疗队的五名成员携带了

54 大箱药品、一些医疗器械、一架轻便 X 光透视机、一辆防弹救护车和一辆卡车，在孟买亚历山大港乘坐英国"王子号"邮轮启程，途经科伦坡、槟榔屿、新加坡和中国香港，9 月 17 日抵达广州，受到保卫中国同盟会主席宋庆龄及 2000 余广州市民的热烈欢迎。休整几天后，医疗队离开广州赴长沙，9 月 29 日，到达汉口，被中国红十字会编为第十五救护队，分配到第六十四军陆军医院工作，之后又被派往第八十七军陆军医院。他们在汉口受到中共中央南方局凯丰、叶剑英和董必武等负责同志的欢迎，还见到了中共中央南方局书记周恩来同志，这使柯棣华等对八路军有了更多的了解。中共中央南方局外事组长王炳南和美国著名记者史沫特莱为医疗队讲述的红军长征的事迹和八路军抗御日寇的故事，使柯棣华等受到鼓舞，激发了他们希望到八路军中工作的强烈愿望。周恩来得知他们的想法后，非常高兴。

▲中共和八路军代表与印度援华医疗队在八路军武汉办事处屋顶花园合影。后排右起：李克农、叶剑英、罗瑞卿、何凯丰；前排左二柯棣华、左四巴苏华。

1938 年 10 月 17，由于日军对湖北各地进行狂轰滥炸，医疗队只好随国民党政府从汉口撤到宜昌，21 日到宜昌后，在宜昌第一医院和第八十六红十字医院工作 20 多天，11 月 21 日到达重庆。

在重庆时，医疗队成员还特意请中印文化协会创办人谭云山博士为每人取了中国名字，即在每个人名字的字尾加辍了一个"华"字，爱德为"爱德华"，卓克为"卓克华"，巴苏为"巴苏华"，柯棣尼斯为"柯棣华"，木克吉为"木克华"。

◎ 到延安去

在西撤途中，医疗队全体成员亲眼目睹了国民党在日军进攻面前采取的不抵抗策略。国民党政府的腐败使他们深感失望，他们进一步坚定了奔赴八路军抗日根据地的决心。为此，他们来到八路军驻重庆办事处会见了董必武，提出到延安开展工作的要求，并得到肯定的答复。国民党孔祥熙等劝阻他们不要去延安，但他们还是要去延安。1939 年 1 月 16 日，重庆遭受大轰炸的第二天，正在医疗队努力争取国民党同意他们去延安前夕，忽然传来柯棣华父亲去世的噩耗，队长爱德华和同伴们都劝他立刻回国处理丧事。柯棣华虽然心情非常悲痛，但还是谢绝了大家的好意，坚定地说："在我还没有实现我向印度国大党所作的保证，至少在中国工作满一年之前，我决不能回国。"他在给家人的信中说，我从卓克大夫那里拿到了关于父亲逝世的信，但是，就在昨天，这座城市遭到轰炸，当场炸死几百人，这些人的尸体被从废墟中拉出来，我感觉这里的工作比家里更需要我。"怀着援华到底的坚定决心，1939 年 1 月 22 日，柯棣华毅然同医疗队其他成员一同离开重庆，在"工合"

国际委员路易·艾黎的陪同下踏上了北上延安的征程。2 月 12 日，医疗队抵达延安，受到群众热烈欢迎，并见到了毛泽东。爱德华、巴苏华、柯棣华被安排到离延安 30 多里的拐茆的一所新建的模范医院，卓克华、木克华到张村驿卫校工作。

◎ 到前线去

爱德华、柯棣华、巴苏华三位印度大夫坚决要求到抗日前线去，正在此时朱德总司令来电邀请柯棣华他们到华北前线工作，他们得到中共中央的批准，于 1939 年 11 月 4 日，赴晋东南前线找朱德总司令，而后再到抗日前线各地去服务。临行前，毛泽东为他们饯行。八路军模范医院为他们举行了欢送会。

他们一行 35 人，途径西安、洛阳、潼关、渑池，到达黄河渡口，渡过了黄河，进入山西省境内，经过三个星期艰难的旅程，连夜步行 100 多华里穿过敌人的封锁线，于 1939 年 12 月 21 日清晨，到达位于太行山深处的武乡王家峪的八路军总司令部。他们受到以朱德总司令为首的八路军指战员的热情接待，总司令通过一位英语说得很好的女译员龚澎和他们交谈。他谈到了游击战争对殖民地人民的重要性，这种游击战争是反帝国主义、争取民族解放的一种手段，他还说，八路军不仅在山区，而且在平原也使用游击战术。柯棣华还就中国和印度采取的不同的斗争方式与朱德进行了探讨。朱德邀请他们参加八路军总部举行的纪念白求恩同志的大会。朱德在大会上号召解放区军民，要学习白求恩大夫的献身精神、国际主义精神和高超的医疗技术，把日本侵略者赶出中国。同时，朱德总司令对印度朋友突破重重封锁线，远道来华帮助抗日，表示最热烈的欢迎和感谢。不久，另三位医生都因各种原因回印度了，只有柯棣华和巴苏华不愿回去，继续留下来，与中国人民一起抗击日本侵略者。

▲1939 年 12 月 21 日，朱德（右三）在山西八路军总
部会见印度援华医疗队成员柯棣华（右二）等人。

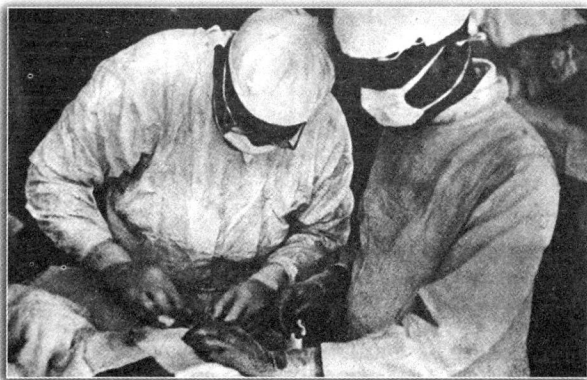

▲柯棣华（右）为八路军伤员做手

　　1940 年初，日寇对晋东南根据地发动了大规模扫荡，张
店战役打响了。柯棣华和巴苏华随 129 师的 771 团行动，日军
2000 多人进犯，八路军集中优势兵力埋伏在公路两侧，准备

围歼敌人。柯棣华和巴苏华把战地救护所设在了最前沿，救护伤员，他们不顾敌人密集的炮火，一直紧张地给伤员动手术。战斗进行了两天多，柯棣华连续工作了40多个小时，在其他医护人员的密切配合下给80多个伤员做了救护手术。八路军终于打退了敌人。日军死伤千余人，敌人的残酷扫荡被粉碎了。

1940年3月，柯棣华他们奉命转移，奔赴晋察冀根据地。1940年3月中旬，柯棣华和巴苏华到达八路军129师师部所在地——山西省辽县（今左权县）的桐峪。他们主动为伤病员服务，在他们到师部两周多的时间，几乎天天不能休息，为患者医病，深得大家的称赞。

1940年6月中旬，柯棣华他们到白求恩卫生学校和附属白求恩国际和平医院工作。柯棣华参与伤员的手术工作，他仔细认真，勤学苦练，深得同事们的好评。

9月中旬，百团大战第二阶段战斗打响了，柯棣华和巴苏华坚决要求到前线去，他们被分别派到三分区和四分区工作。临行前，他俩提出挑战，看谁治疗伤员又快又好又节约医药材料。柯棣华在前线工作了十三天，共接收800余位伤员，为其中585人施行了手术。他曾连续工作三天三夜没离开工作岗位。

◎ 白求恩卫生学校的外科教员

百团大战后，巴苏华回到延安，柯棣华继续留在晋察冀军区工作，他担任了白求恩卫生学校的外科教员。柯棣华为尽快提高自己的汉语水平，坚持刻苦训练，平时主动交流，练习会话，并且自编"汉印字典"——在一本自己装订的毛边纸本上写满了注音的中国字。他的汉语水平有了很大提高，授课水平也因此得到了显著提高。他讲课深入浅出，联系实际，同时，还根据自己的知识和在实战中摸索到的实际经验，编撰了《外科总论》，这部著作化繁为简，提纲挈领，完全是针对着战争条件下抢救伤员的实际而写的，非常实用有效。

柯棣华平易近人，脾气非常好。对学生非常负责任，他要求大家有问题就反映，不管什么时候，他都会不厌其烦地给予耐心解答。

柯棣华不仅潜心教学质量的提高，还非常注意做学员的思想工作。对于年龄大、学习有困难的同志，他不仅经常给予鼓励，还在学习方法方面进行具体的指导。

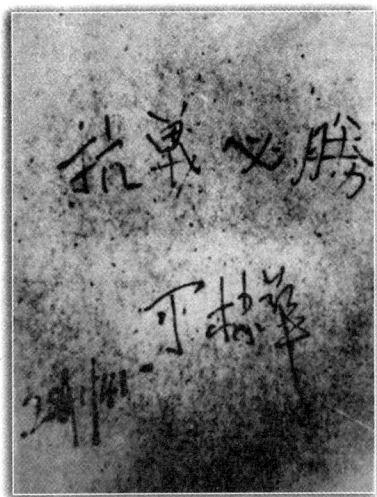

▲柯棣华大夫给卫校第三期毕业
学员雪影的中文题词

柯棣华在教学工作中，特别强调理论联系实际。除课堂讲授以外，每次手术前，他都尽可能地让同学们参加讨论手术方案，参加术前的准备工作，术后还耐心地解答同学们提出的问题，并结合病例向全班同学讲解术后应注意的问题。他考虑到学员毕业后的工作条件比在校时更困难，就想方设法教给学员们一些简单易行的诊断方法。柯棣华和白求恩卫生学校其他老师一样，一面教学，一面生产，一面战斗，在行军中每到一个地点，只要有半天休息时间，就一边派人在山头制高点放哨侦察敌人动向，一边给学员讲课或进行动物解剖实习。一旦发现敌人向驻地逼近，大家马上转移，当时把这种形式叫"武装上课"。

◎ 白求恩国际和平医院首任院长

1941 年 1 月反扫荡之后，柯棣华正式参加了八路军，随即被任命为白求恩国际和平医院首任院长。在就职欢迎会上，柯棣华激动地用汉语说："这是白求恩工作过的地方，我决不辜负你们的期望，也决不玷污白求恩的名字，我要像他一样，献身于你们和我们的、也属于全人类的反法西斯事业。"[1]

为了搞好医院的工作，柯棣华收集起白求恩的全部遗文和书信，拜访与白求恩共过事的同志，特别是再三请求江一真校长向他介绍与白求恩一起工作的感受。他非常钦佩白求恩的科学态度。一次，他指着白求恩最后一篇著作《游击战中师野战医院的组织和技术》对江一真说："这真是一本不可多得的好书，好就好在把西方现代医学手段运用到中国的战争实际。"他像白求恩一样开拓进取，创新工作，不泥古、不照搬、不排外、不保守，建立起便于医疗、教学和具有自己特点的医院，

---

[1] 《战斗在晋察冀边区的第二个白求恩》，载白求恩精神研究会网，http://www.bqejsyjh.com/newslook.asp？NewID＝5333&FID＝97&page＝0。

领导制定了许多切实可行的管理制度，像教学实习制度、伤病员排班制度、领导干部轮流查房、医生护士每周一次工作汇报会，以及组建了战地救护组和医疗巡回组，并亲自担任队长，等等。

柯棣华和白求恩一样，对工作极端地负责任，对同志对人民极端的热忱。他经常告诫身边的医生、护士及实习人员，作为一名医务工作者，对待工作、对待伤病员，一定要高度负责，一丝一毫都马虎不得。医院的行政领导工作本来就是非常繁忙的，除此之外，柯棣华还要亲自担负大量外科手术工作。当时老百姓生活异常艰苦，没有粮食吃，只能用树叶野菜充饥。由于饥不择食，急腹症病人特别多。柯棣华带领大家不分昼夜抢救病人，在非常简陋的条件下做了许多大手术。柯棣华就是这样极其负责地对待每一位伤病员。尤其值得称道的是，他作为一位院长，还经常到病房亲自给伤病员喂饭，还把自己的被褥、衣服拿去给伤员用，行军路上更是形影不离地跟着担架走，亲自照顾伤病员。对伤员化脓的伤口，他总是取一点脓块闻一闻，以鉴别是特殊感染还是一般感染。有许多工作是护士的事，他也抢着做。

白求恩国际和平医院伤病员一般十来个人肩并肩睡在一条炕上，柯棣华认为这样是不卫生的，容易交叉感染，也不便于伤病员的管理，不便于医生的诊治和护士的照顾。因此，他决定让每个伤病员单独睡在一个炕上，两炕之间留一点间隙。为了解决炕不足的状况，柯棣华甚至亲自参加了砌炕。这一改革使医院里的卫生条件大为改善，炕头上一个小牌子，写明病号的姓名、病症、服药的时间等，这样不易出差错，也方便了紧急情况下的转移。柯棣华就任院长后，即着手医院的整顿和改革工作。在他的领导下，医院工作迅速改善，医疗及其他方方面面的工作开展得有声有色，为巩固部队声望和提高群众抗战热情起到了重要作用。来医院参观的一位英国教授感慨地说："在如此之艰难环境中能创造出第一流的成就，这才是真正的科学家！"

▲1941 年 12 月，柯棣华（中立者）担任白求恩国际和平医院院长时给晋察冀八路军干部作报告。

1941 年 11 月 25 日，柯棣华与郭庆兰同志结婚了，1942 年 8 月 23 日郭庆兰生了一个儿子，柯棣华同志 1942 年 7 月 7 日光荣加入了中国共产党。同年 12 月 9 日，柯棣华的癫痫再一次发作，医护人员虽全力抢救，也未能挽救他的生命。柯棣华去世了，他是因积劳成疾而死的。他没有给他热爱的战友们留下一句话，没有给他的爱妻娇儿留下一句话；但他的全部工作，他的热情，他的献身精神，他的国际主义精神，将永远激励人们前进。

中共特别党员奥地利医生罗生特

罗生特，原名雅各布·罗森菲尔德（Jack Rosenfeld，1903—1952），犹太人，1903 年出生于奥地利加里西亚梭堡，父亲是一位军官，母亲是犹太人。罗生特自幼聪明善良、勤奋好学。他精通多国语言，在学习之余，还学习音乐、美术等。由于当时犹太人富裕家庭传统的教育注定了他的职业是医生，1922 年他考入了维也纳大学医学院。在校期间，曾读过一些马克思主义著作，开始接受进步思想的熏陶。1927 年他获得综合医学博士学位，大学毕业后进入维也纳国家医院工作，行医之余，罗生特积极参加奥地利人民的革命斗争，加入了比较进步的奥地利社会民主党。

▲国际主义战士奥地利医生罗生特

◎ 来到中国避难

1938 年，希特勒统治的德国"兼并"了奥地利，罗生特参加了民众抗议运动，被纳粹党逮捕并关押在布痕瓦尔德集中营。在集中营，罗生特的牙齿被打掉、肾脏被踢伤、肋骨被打断，受尽折磨、摧残，但他丝毫不屈服，坚持秘密斗争。有一次，集中营内的砖堆倒塌，20 多个犯人被压在下面，他不顾自己已被纳粹分子打成重伤的身体状况，忍着剧痛为受伤的犯人治疗。当他跪在雪地上为一个双足压断的犯人包扎时，又被看守用枪托重重地殴打在地，顿时鲜血淋漓，昏死过去。

在遭受折磨一年后，罗生特因被指控为共产党的证据不足而获释，但被立即驱逐出境，勒令永远不准回奥地利。这年春天，罗生特携带必要的医疗器械，和难友威廉班克远涉重洋，来到中国上海。

初到上海时，罗生特只有依靠自己的良好医术维持生活。他与别人合伙在上海租界开办了一个诊所，虽然人生地不熟，但他的医术却很快为他赢得了声誉，并且收入也日渐增多，生活也日渐优裕起来。

在他离开奥地利时，社会民主党的一位朋友曾写信介绍他到上海后找汉斯·希伯。罗生特到上海找到他之后，参加他组织的学习小组，通过学习，不仅了解了世界反法西斯斗争的形势，而且对中国共产党的主张，对共产党所领导的八路军、新四军及其所进行的抗日战争有了进一步的认识。同时，罗生特也耳闻目睹了日军的侵华暴行，激发起他投身中国抗战的热情，多次提出要到根据地去参加战斗。希伯到过延安，也采访过新四军，和其有联系。一次，新四军的医务长沈其震来到上海，秘密动员进步人士去苏北参加新四军。沈其震就住在希伯家里，经希伯介绍，罗生特向沈其震较深入地了解了新四军的情况，请求加入新四军。沈其震为罗生特渴望帮助中国人民的热情所打动，秘密拍电报，请示驻在江苏盐城的新四军军部。军部立即回电，对罗生特的行动表示赞许，并要求沈保护好罗的沿途安全。得到回电后，罗生特高兴万分，于 1941 年 3 月中旬由中共地下党党员护送，秘密地奔赴苏北。为了防范敌人，掩人耳目，沈其震把雅各布·罗森菲尔德的名字改为罗生特。从此，罗生特的名字在新四军中传开来。

▲1941 年，罗生特（中）和陈毅（右）、刘少奇（左）在江苏盐城新四军军部。

◎ 新四军中的"白求恩"

罗生特参加新四军时，正值皖南事变后不久，新四军损失严重，正处于重建时期，非常需要人才，特别是罗生特这样受过专业培训、医术高超的医生更是少之又少，他的到来受到新四军官兵的热烈欢迎。新四军代理军长陈毅、政委刘少奇亲自接见了罗生特。陈毅高兴地说："热烈欢迎罗生特先生！深望罗生特先生贡献才华。"随后，新四军军部召开了欢迎大会，当时的《江淮日报》还刊登了《国际友人罗生特访问记》，并报道了"国际名医罗生特参加新四军工作"的新闻。罗生特深受感动，他没有想到能受到新四军的如此厚待。

陈毅军长请罗生特担任新四军卫生部部长，但罗生特婉言拒绝了。他说，参加新四军不是为了做官，是为了救治英勇抗战的受伤士兵和受苦受难的中国老百姓。如果当初逃离祖国时，不是中国接收了他，他是无路可走的。如今，中国人民与奥地利人民一样，遭到法西斯的蹂躏，身怀技艺的他没有理由不为中国人民服务，没有理由不为英勇抗日的新四军服务。在他的坚拒下，陈军长只好委任罗生特为卫生部顾问，在医院工作。罗生特虽然是名医，但每天坚持去病房查房、诊断，亲自为病人量血压、测体温、做手术，一干就是几个小时，从不知疲倦，也不知休息。他把救治病人作为最重要的事情来做。

罗生特经常说："医生的天职就是救死扶伤，实行人道主义，医生不能坐在家里等着病人，要到群众中发现病人。"因此，他经常不畏艰辛，深入连队和农村，为士兵和老百姓治病。罗生特初到新四军时不会骑马，又患有夜盲症，外出很困难。但他却克服了一切困难，只要一有任务，他不顾一切，勇敢地穿过敌人的封锁线赶到部队为伤病员治疗。针对苏北地区黑热病、回归热病、疟疾、痢疾等传染病和寄生虫病流行的情况，他除了组织积极治疗，还提议部队开展卫生预防工作。医务人员通过《盐阜报》《江淮日报》的大众卫生专栏，积极进行卫生常识和疟疾病预防的宣传，控制了发病率。罗生特是一位妇科专家，在战斗年代，他为许多女战士医好许多疑难病症。罗生特在军队里，还提倡计划生育，是新四军中提倡计划生育的先驱。

◎ 培训医务人员

罗生特参加新四军后，发现新四军缺乏医疗人员。罗生特利用一切机会和形式传授医学知识，充实医疗队伍，和新四军卫生部领导研究，制定完善了卫生工作制度，建立健全了军、师、旅各级卫生机构。在他的建议下，1941 年 6 月，开办了新四军军部华中卫生学校，第一期就招收学员 162 人，罗生特亲自担任教员，向学员讲授妇科、泌尿科及战地救护等医学理论知识，培养人才。他充分发挥自己的能力，编写教材，自制教具，把随身携带的大批医疗器械捐献出来，供学员们使用。他为学校制定了一套严格的培训制度，使新四军的医疗卫生事业逐渐走上了正轨。当时，新四军由于遭到敌人的封锁，医疗器械和药品奇缺，为了解决实际困难，他还和学员们利用一切可以利用的材料，制作一些器具。他在讲解固定伤肢技术时，强调夹板不一定要用木板，有什么材料都可以用，如树枝、枪把甚至高粱秆。在山东抗日革命根据地时，没有金属镊子，他便用竹子制成镊子。他的这些办法，在治疗过程中，很有效，同时也鼓励了学员们的学习兴趣。罗生特身体力行，严格教育，为新四军培养了一批医疗人员，为新四军解决了许多医疗困难，受到军部领导的赞扬。

1942 年春，罗生特向中国共产党提出入党请求。陈毅军长知道后，爽快地自愿为罗生特做入党介绍人，并帮助罗生特积极进步。在陈毅军长的指导下，经上级党组织的同意，罗生特作为特别党员被吸收入党。从此，他成为一名中国共产党特别党员，这在中国共产党内也是很特殊的。

1942 年 3 月，陈毅在给罗生特的信中说："你以反法西斯盟友的资格，远渡重洋，来中国参加抗战，同时更深入敌后参加新四军工作。新四军的艰苦斗争为你所亲见，所身受。新四军的一切，你永远是一个证明人。"①

① 中国人民抗日战争纪念馆编：《为了正义与和平——国际友人支援中国抗战》，国际文化出版公司 2008 年版，第 50 页。

罗生特以高超的医术、辛勤的劳动、和蔼的态度、高尚的情操，赢得了新四军全体将士的崇敬，被誉为"新四军的白求恩"。

◎ 救治罗荣桓同志

山东军区司令员罗荣桓同志，因为在长征时腰部受过伤，抗战时期在山东，由于工作劳累，从 1942 年起又患上了严重的肾病，肾病复发时，血尿不止。山东军区了解到罗生特是泌尿科专家，急电陈毅请罗生特为罗荣桓治病。罗生特接受任务，马上起程赴山东，1943 年 9 月下旬，到达山东军区司令部驻地后，顾不上吃饭、休息，直奔罗荣桓身边，为他做了仔细检查，确诊了病因，罗生特建议罗荣桓住到卫生部，为他制定了周密的治疗方案。每天起床后，罗生特都要为罗荣桓测脉搏、测血压、观察小便、检查饮食。经过一段时间精心治疗，罗荣桓的病情有了明显的好转。1943 年冬，日军向山东根据地大举"扫荡"，罗荣桓立即投入到紧张工作中，病情加重。罗生特跟随着罗荣桓，千方百计为他治疗，严格限制他的活动，让他躺在担架上或躺椅上指挥作战、组织会议和批阅文件，并向罗荣桓夫人林月琴询问病情，讨论症状和护理方法，向她提出配合治疗的具体要求。在这两年中，罗荣桓的病情虽反复发作，但罗生特的精心治疗保证了他在山东军区这一极为重要的战略区的领导岗位上能坚持工作，直到抗战结束。在治疗罗荣桓司令员的两年中，罗生特日夜操劳，感动了罗荣桓及其家人。罗生特与罗荣桓一家亲如一家，罗荣桓的长子，当年仅 5 岁，见面称他为"大鼻子叔叔"，听他模仿各种动物的叫声，与他特别亲热。保证罗荣桓身体健康，可以说是罗生特对中国革命的一大贡献。

▲1943 年，罗荣桓（右三）病情好转后与罗生特（左二）等人合影。

◎ 山东军区的医疗工作

罗生特在山东军区，一方面为罗荣桓司令员精心治病，一方面为山东军区卫生事业的发展出谋划策，为当地百姓解除疾苦。山东军区由于敌人的疯狂"扫荡"和经济封锁，长期物资缺乏，缺医少药，医疗设备落后，医疗条件较差，伤病员得不到很好的治疗，不能及时归队，从而影响部队的战斗力。罗生特和军区卫生部领导共同努力，十分重视医疗设施的建设，建立了军区的制药厂，一般的常用药均能自己生产，有效地解决了部队和地方缺乏药品的困难。罗生特还建议并亲手设计了一所医院，占地 60 多亩，房屋近百间，设有内科、外科、妇科、手术室、化验室、X 光室，这是山东根据地一所较正规、设备比较完备的战时医院，被当地人称为"罗生特医院"。鲁东南、苏北一带的许多军民都慕名前来看病求医，罗生特也为当地看好了不少患者，做过乳腺癌根治手术、治愈了膀胱结石症患者。在山东军部驻地莒南、临沂、沂水一带，百姓们由衷地爱戴他，说他看病仔细，有求必应，别看是外国人，可真是老百姓的好医生。罗生特临床经验丰富，每次看病，他从不使用听诊器，而是凭他那训练有素的耳朵去听。他对消毒的要求极为严格，医嘱严谨准确，在手术中他像绣花一样把每一针缝得又细又好。他经常说："一个医生，要有鹰一样敏锐的眼睛，能够及时准确地捕捉到病人的病理、心理上任何细微的变化；一个外科医生更应有一双灵巧无比的手，手术中，一双灵巧的手可以缩短手术时间，保证手术质量，减少病人的痛苦；医生还要有戏剧家的嘴巴，能够使用最美妙动人的语言给病人以精神上的安慰。"①

罗生特非常重视提高医护人员的医疗水平，建议军区卫生部创办卫生学校和训练班，罗生特亲自担任妇产科、泌尿科和战伤外科等课程的教学工作。军区第一期学员 70 多人，绝大多数只有小学文化程度，罗生特在给他们讲课时特别注意用生动的语言，深入浅出，耐心细致地讲解，直到他们听懂记住。在罗生特任教期间，共培养了三期 100 多人，为山东军区造就了一批医疗卫生人才。此外，他还多次举办战地救护、外科手术、临床监护等专题讲座，本着战场上的需要来进行教学。

1946 年夏，罗荣桓要去苏联治病，罗生特想一道去，经莫斯科回国，但苏方对入境人员提出限制。罗生特不能去莫斯科，便要求到战斗部队工作，于是他被任命为东北民主联军第一纵队卫生部部长。新中国成立前夕，罗生特提出，中国革命胜利了，他希望能回国看看，寻找他的女友，同时也为中奥友谊尽自己的力量。1949 年 11 月，罗生特返回奥地利，后去以色列探亲，1952 年病逝于特拉维夫。

---

① 中共莒南县委、莒南县人民政府：《中奥人民友谊的伟大使者——追忆中共特别党员、奥地利医生罗生特》，载《大众日报》1991 年 1 月 10 日。

▲山东军区政治部主任肖华（左二）陪同罗生特看望滨海区的官兵

　　为了纪念罗生特医生为中奥友谊作出的贡献，在山东莒南县（原八路军山东军区指挥机关所在地），中国人民为他建立了一尊4米高的汉白玉全身塑像，1992年10月5日举行了塑像揭幕仪式，山东省莒南县医院被命名为"罗生特医院"。1993年，奥地利也命名了一所"罗生特医院"。

外国血统的中共党员——马海德

马海德（Shafick George Hatem，1910—1988），1910 年 9 月 26 日出生在美国纽约州布法罗市。他父亲是黎巴嫩移民，在美国布法罗市一家钢铁厂当工人，马海德在该市读完小学。他童年时家境贫困，有一次，全家六口人患流行性感冒，无钱医治。有一位老医生为他们免费治疗，并捎给他们急需的食物。这给幼小的马海德留下了难忘的印象，他立志长大后也要当一名医生，给穷人治病。后来，马海德随家迁居北卡罗来纳州格林维尔，并在当地上中学。1927 年，他靠勤工俭学进入北卡罗来纳大学医学预科；1929 年获奖学金，去黎巴嫩的贝鲁特美国大学继续学医；1931 年转到瑞士日内瓦大学攻读临床诊断学，1933 年毕业时获医学博士学位。

◎ 医学博士与中国社会

毕业后，马海德为了考察当时在东方流行的热带病，便和同学克士、雷文森一起来到中国上海，分别找到一份医院的工作，后来他们三位自己开诊所。1934 年，克士因为要结婚先回美国，不久雷文森也回去了，只有马海德自己坚持开门诊。

马海德在一家德国人开的书店里，认识了史沫特莱，后来又认识了路易·艾黎、宋庆龄等人，他们互相探讨对中国社会各种不平等现象的看法，参观工厂，了解工人的疾苦，在一起组织马克思主义理论学习小组。他利用自己的特殊身份，为上海地下党做了一些工作，例如提供开会场地，为红军购买医疗器械和药品，护送和保护重要人物的安全，营救狱中的被捕者，还为《中国呼声》

▲1936 年 6 月，马海德来到陕北苏区前线和后方进行采访。

写文章介绍中国的情况。这时，他已经从一个专门的医生成了一个关心中国民众疾苦的革命同情者，他很希望自己有机会去陕北看看红色中国的样子，宋庆龄帮他实现了这个愿望。

◎ 到红色根据地

1936 年 5 月，中共中央为了冲破国民党政府的新闻封锁，让全世界了解中国共产党的方针政策，通过上海地下党，委托宋庆龄寻找到对"一二·九"学生运动客观报道和同情学生的斯诺及一名外国医生考察陕北。6 月，宋庆龄告诉马海德在郑州与从北平出发的斯诺会合，同时交给他半张 5 英镑钞票，到西安时，与中共派来接应的人会合。一位化装成古董商人的王牧师，真名董健吾，前来接头，马海德拿出宋庆龄给他的半张纸币，与来人手中的另外半张对上。他们先被安排与中共保卫局局长邓发见了面，然后由专人护送到达延安县城，之后他俩在一头毛驴的带领下，走到一个村子。因为天热他们两人在水中洗澡而被儿童团俘虏，后在各村向导带领下到达了白家坪。在白家坪他们见到了中共中央军事委员会副主席周恩来，他为他们制定了九十二天的采访计划，并且说他们完全可以自由行动，不受拘束。之后，他们随一支通信部队又走了三天，才顺利到达当时中共中央所在地保安，见到了热情欢迎的人群，其中包括中共中央全体领导人。

1936 年 7 月 16 日，毛泽东在他的住处接见了他们两位来自大洋彼岸的客人，说他们到来真是很不容易，斯诺和马海德都觉得看见了完全不同的新气象。毛泽东坦诚地望着马海德的眼睛，委托他就如何改善苏区医疗条件等方面提出一些具体意见，从而使马海德感到自己有了一份责任。与毛泽东见过面后，他们在保安参观了几天。7 月下旬，斯诺和马海德穿上红军战士的蓝灰色军装，前往甘肃、宁夏边区，访问了西征前线的红军战士，参加了红军三大主力会师的庆功大会。这次旅程途径十多个县镇，历时两个多月。期间马海德仔细考察了位于红军前线或后方大大小小为数众多的医疗卫生单位，他还努力用自己刚学的半生不熟的中国话与医生、护士、伤病员交谈，耐心听取他们对医疗卫生工作的意见，掌握了许多第一手资料，写出了《苏区医疗卫生工作考察报告》。在报告中，他详细叙述了苏区各医疗机构的状况，在机构设置、人员配备、医疗条件、药品器械、医务人员素质、服务质量等方面存在的问题，提出了改进和具体的意见，还针对苏区在国民党严密封锁之下缺医少药的实际情况，提出了大力加强预防工作的建议。

9 月 22 日，马海德和斯诺回到保安，斯诺对毛泽东进行了全面详细的访问。在这夜间进行的访谈中，毛主席的夫人贺子珍端上来一盘自制的"点心"——山杏当夜宵，这是贺子珍自己从山上采的，然后又亲手煮熟煮软。马海德拿起来咬了一口，酸得够呛，后来慢慢品味，觉得这些"点心"也蛮有特点的，这是延安生活艰苦的体现，给马海德留下了深刻的印象。访问期间，马海德还专门给毛主席做了一次全面的身体检查，结果显示毛主席的身体非常健康。这个结果让经常看报道毛泽东得了不治之症的国民党报纸的斯诺很是兴奋，他认为马海德的检查结果，有力地宣告了国民党那些谣言的破产。1936年 10 月斯诺结束了对红色中国的访问，回到北平进行写作，马海德经过慎重思考，告诉斯诺他决定留在陕北，因为这里需要他，他被任命为"中央红军卫生总顾问"。

1936 年 10 月初，马海德在黄华的陪同下，随红一方面军南下西兰公路，迎接二、四方面军，途中遇到周恩来，所以他们一起走。走到宁夏同心县时想歇歇脚，看到不远处一座绿顶清真寺。周恩来说马海德是阿拉伯人，想请他按照伊斯兰的礼节和清真寺的阿訇联系吃顿饭，马海德欣然同意。他问周恩来怎么介绍自己，周恩来说回族地区姓马的人比较多，建议马海德由原来的乔治·海德姆，改为马海德，由此马海德的名字开始使用。西安事变发生后，国民党根据签署的协议，让出了延安。1937 年 1 月，中共中央入驻延安，马海德从那时来到延安，已生活了九年半。他跟周恩来提出加入中国国籍，周说现在还不行。1937 年 2 月 10 日，马海德加入中国共产党。全国抗战开始，红军改编为八路军和新四军，8 月马海德随红军开赴五台前线，并和医疗队的同志们为战争服务，建立健全了战地医疗组织，年底回到延安。

▲马海德（左一）和毛泽东主席在一起

◎ 中央首长的保健医生

马海德在担任卫生顾问的同时，中央决定让他兼任中央领导的保健医生。延安生活条件很艰苦，领导同志们又十分注意与群众同甘共苦，不搞特殊化，他们工作起来非常努力，常常不注意自己的身体，作为保健医生的马海德，常常要求自己想方设法完成好保健医生的职责。他全面掌握每个人的身体健康状况，及时了解保健对象的身体变化状况，为每个人建立了健康档案，采取自然调节，预防为主的方式方法保持领导人的身体健康。针对个别患病同志的身体恢复，他制定出不同的养病方案。患肺结核的邓颖超，马海德建议她躺在门板上晒太阳，并进行相应的调养以便恢复健康。王稼祥是重点照顾对象，除了打针吃药，还对他进行冷敷退烧。为保证毛主席身体健康也是想出诸多办法，设计定做乒乓球案子，让毛主席打乒乓球来锻炼手臂，动员家人陪毛主席散步锻炼身体。从前线来到延安的八路军将领，都得到了马海德的健康检查和照顾。

◎ 筹建陕甘宁边区医院

1937 年底，马海德接到了在延安建立陕甘宁边区医院的命令。马海德根据自己对边区医疗情况的了解，和卫生部几位领导反复磋商，提出了关于改善八路军和边区医疗卫生条件，健全军队医疗网络的全盘构想。延安没有正式医院，医务人员也十分缺乏，他们是红军卫生学校自己培养出来的，一般只受过九个月的训练，医药供给也十分困难。马海德他们采取"因陋就简，自己动手，勤俭办医疗事业"的方针，先后在延安办起了卫生部直属医疗所和陕甘宁边区医院。马海德在跟随 129 师前往山西的行军途中，见识了中医针灸的神奇作用，一位患疟疾的战士，在中医的针灸治疗下控制了病情，从此他对中医有了很大的兴趣。他拜中医为师，虚心学习，学会了望、闻、问、切，把中西医结合起来。针对边区药品缺少的情况，1938年马海德建议延安自己建药厂，中央批准后，1939 年元旦药厂正式投产。药厂一方面生产西药制剂，一方面利用当地丰富的中药资源，加工制成丸、散、膏、丹，后来完全可以满足要，得到了中央领导同志的肯定与支持，也得到了许多同行的效仿，成为中西医结合的最好实践。

◎ 延安的民间外交家

马海德和斯诺是抗战时期最早到延安的两个外国人，从那以后许多外国人来到延安，都得到了马海德热情接待，一是因为他们都是外国人的关系，二是因为马海德对于中国共产党方针政策有深刻的领会，能对外国人进行宣传、讲解，提供尽可能多的帮助。

1937 年 1 月史沫特莱到延安，4 月底，斯诺夫人海伦来到延安，马海德都热情地给予帮助。1938 年 3 月，白求恩带领的美国和加拿大援华医疗队来到延安，马海德热情地参与了接待工作，并且成为白求恩与中共中央领导人及外界的唯一联络人，白求恩所有发往国外的稿件、照片、信件、书报刊都是由马海德在延安转寄的。白求恩病逝后的第三天，马海德写了一篇纪念文章《我认识的诺尔曼·白求恩》寄给宋庆龄，发表在 1940 年 2 月 15 日香港《新闻通讯》第 13 期上，同时还有马海德为白求恩和平国际医院拍摄的几张照片。这家医院为了纪念白求恩，将八路军医院改为白求恩国际和平医院。马海德还参加了新华社延安对外英语广播，每天夜里 12 点以后，马海德骑马来到清凉山山麓的新华社驻地，用英语播音，宣传中国共产党领导人民抗日的决心和主张，以及抗日民族统一战线的政策。

1938 年 5 月，美国海军陆战队军官卡尔逊在林伯渠的安排下来到延安。卡尔逊时任美国驻华大使参赞、上海美国海军武官处情报官，来华前美国总统罗斯福要他秘密通报在中国发生的事情，之前他已经考察过晋绥、晋西北、晋中、冀中等敌后根据地，马海德与他进行了很好的交流。1939 年 9 月，印度医疗队五名医生，受印度国大党派遣来中国援助抗日，到了延安，中央派马海德参与接待。马海德热情给他们介绍情况，陪他们参观，联系领导同志接见他们，给他们当翻译，很妥当地安排他们的生活起居，而且还根据每个人的专长和愿望，协助他们到各抗日根据地去开展工作。与印度医疗队同时到延安的还有马海德的老朋友路易·艾黎，他来见毛主席，向毛主席请

▲马海德，1937 年 11 月兼任新华社英文翻译，是新华社最早聘请的外国专家。

示在延安办工业合作社的事，得到了很大的支持。路易·艾黎和马海德促膝谈心，不时被当地百姓找医生看病临时叫走，马海德每次都是随叫随到。1939 年 10 月，马海德负责接待了来到延安的德国医生汉斯·米勒。1942 年，他接待了国际新闻代表团，为他们介绍了抗日根据地军民在共产党领导下坚持抗战的情况，为他们的采访提供了大量素材。1944 年 7 月，美军观察组到延安，马海德被派去担任顾问。他向他们介绍了中国共产党的抗日主张和根据地军民艰苦抗战的情况，从而增进了观察组对共产党领导人民抗日的了解和支持。1944 年 11 月 7 日，马海德作为毛泽东、周恩来的陪同人员参与了接待美国总统特使赫尔利的工作。马海德不愧为延安的民间外交大使，是中国共产党的忠实宣传者。

中华人民共和国成立后，他成为第一位具有外国血统的中国公民。

杰出的国际主义白衣战士——
汉斯·米勒

　　汉斯·米勒（Hans Miller，1915—1994），内科专家，1915年1月13日生于德国莱茵河畔的莱茵区杜塞尔多夫城。希特勒上台后，当时纳粹德国的反犹主义愈演愈烈，身为犹太人的米勒只得背井离乡，到瑞士去投奔父亲的老朋友、巴塞尔大学医学系主任卢镕维克教授。他经济十分拮据，靠着顽强的毅力，相继完成了内科、外科、妇产科及小儿科等多科的学习，最终以《心脏病突然死亡原因》的论文获得医学博士学位。在巴塞尔大学，他结识了一个名叫蒋兆先的中国学

▲1939年1月米勒获得瑞士巴塞尔医科大学医学博士学位

生。他从蒋兆先那里不仅了解了中国的社会、历史和文化，而且了解到中国人民已经在世界的东方展开了全民族艰苦卓绝的

反抗日本法西斯侵略的伟大斗争，了解了在中国共产党领导下完成了二万五千里长征的红军。1938 年，米勒因积极参加反法西斯主义的活动，被瑞士警察局勒令半年内离境。米勒不顾一切，日夜苦读，终于在半年里完成了博士学位论文，获得医学博士学位。

◎ 到中国参加抗日战争

毕业后，米勒谢绝了要他去南美开设诊所的邀请，毅然决定与蒋兆先一起到中国去，参加中国共产党领导的抗日斗争。蒋兆先因有事未能与米勒同行，他让米勒到香港去找"保卫中国同盟"。他毫不犹豫地离开瑞士，甚至卖掉了自己唯一的相机筹经费，买船票到中国。1939 年 4 月，米勒离开瑞士，在法国南部的马赛港登上驶往中国香港的海轮"杜美号"。1939 年 5 月，米勒来到香港，在宋庆龄领导的"保卫中国同盟会"，米勒见到了廖承志、宋庆龄的助手爱泼斯坦，并通过他们与中共在港组织取得了联系。1939 年 9 月，米勒参加了"保卫中国同盟"组织的一个医疗物资运输队，绕道越南。在越南海防，米勒为一批新加坡回国的华侨看病，他们大多被蚊子叮咬，感染疟疾，米勒对症下药，并且采取灭蚊措施，加强防护，使大部分人的病情好转。之后，米勒继续他的行程，经过贵阳、成都、宝鸡转战到了西安八路军办事处，在此还巧遇美国著名记者埃德加·斯诺，斯诺以工业合作社国际委员会的代表兼记者的身份，再次访问陕北，给米勒以极大的鼓励，他把自己在延安用的行军床、蚊帐送给米勒留作纪念。1939 年 10 月初，经过长途跋涉，冲破重重阻拦，米勒终于将 600 箱医药品和一辆大型救护车运抵延安。毛主席亲切会见了他，并设宴为他洗尘，赞扬其国际主义精神，在延安米勒和马海德结下了深厚友谊。

▲1939 年秋，米勒（左）与马海德在延安。

米勒起先在延安拐峁国际和平医院担任外科医生，和印度援华医疗队的爱德华、柯棣华、巴苏华一起工作。米勒在医院工作兢兢业业，埋头苦干。医院设备条件很差，医药器械残缺不全，米勒和大家一起亲自挖土窑洞、制造器械。印度医疗队托运到延安的 X 光机，一年多才运到延安拐峁医院，但是米勒用手摇发电机检验，发现变压器的电流计纹丝不动，拆开后才知微调的十个键中有五个坏了。米勒连续干了五个小时，累得直不起腰来，终于全部修好了，X 光机可以使用了，大家拥抱着米勒欢呼雀跃。

◎ 到晋察冀抗日前线

在延安工作一段时间后，米勒请求上战场，他说："作为医生，战场更需要我。"在米勒的多番请求下，中共中央批准他来到位于太行山区的八路军总部。从此，这位拥有瑞士巴塞尔大学医学博士学位的德国人，成为一名八路军的战地医生。

三个月后，在他的再三请缨之下，他被派往太行山前线的八路军医院，终于实现了奔赴抗战第一线、为那些用鲜血和生命来保卫人类尊严和正义的英雄服务的愿望。1939 年 12 月 21 日，米勒和柯棣华、巴苏华，一路穿过寒冷的冬季的华北，穿过日军封锁线，到了山西太行山深处的武乡王家峪八路军总部，朱德总司令热情地接待了他们，感谢他们来支持中国人民的抗日战争。三天后，米勒参加了白求恩大夫的追悼大会，并在会上发言，表示要像白求恩那样，为中国人民的抗战贡献出自己的一切。

米勒到设在距王家峪不远的土河村的八路军总部医院，那里有 100 多名伤员。土河坪卫生学校的一名学员，不慎摔伤了尿道，八路军总部医生一时不知该怎么办，请米勒诊断。米勒根据病人的症状，采取了果断的措施，迅速找到断裂的尿道进行了缝合，解除了小伙子排不出尿的痛苦，米勒一下子被老百姓传为神医。此后不久，米勒又成功地为一位难产的妇女接生，更提高了他在当地百姓中的声誉。

根据地的条件十分艰苦，缺医少药，设备简陋。1940 年，太行山根据地的武乡地区，疟疾和重感冒病流行，高烧病人增多。治疗疟疾的特效药是奎宁，但在土河村，奎宁几所剩无几，甚至连退烧的阿司匹林也成为稀有药品。米勒他们一筹莫展，八路军总参谋长左权告诉他们，太行山药源丰富，可以向山要药，并且送给他一本《太行山药物学》。根据这本书的指导，米勒跟着几位看护员沿着崎岖的山间小道上山采药，回到医院后洗干净，切成薄片，放在锅里熬成汤药，给病人喝。米勒开始半信半疑，看到治疗效果确实不错。此后，他经常向中国医务工作者请教中草药治病的方法，不辞辛苦多次上山采药，采回了当归、黄芩、知母、大黄等十多种药材，切碎，晒干，以备用。米勒还学会了一些偏方、土方，一定程度上缓解了药品缺乏的困难。从1940年1月至1942年12月，他先后任晋东南国际和平医院内科及外科指导医生、八路军卫生部流动手术队队长、129师医务顾问。他多次上前线，在枪林弹雨中抢救伤员，为当地老百姓治病，被称为"神医米拉（勒）"。

1940年百团大战期间，米勒来到129师师部所在地，先是在浴口村129师的后方医院工作，不久就参加了临时战地手术队，随386旅行动。战斗结束后，他又来到385旅，参加了管头村攻坚战，对战争有了深刻的了解。百团大战后，米勒开始担任129师第一休养所所长，主要是收容前线无法安置的重伤员，或需作特殊治疗的各级干部和战士。当时收容了近两百名伤员，四十多人不能自理，日军又不断发动新的进攻，保护好重伤员成为重要任务。他们要不断变化藏身之地，不时转移，紧急情况下，米勒背起伤员拔腿就走，硬是把伤员背上了山。米勒在生活方面还细心照顾伤员，把给他的有营养的食物，转给伤员们。1941年的反扫荡战斗结束后，米勒离开休养所，参加了手术队并担任手术队队长。这个手术队由九个人组成，在根据地各地进行巡回医疗，机动性强。他们到过邢台、濮阳、内黄地区，穿梭在辽县、榆社、武乡，进入过太岳区，手术队精干、灵活，便于隐蔽和行动。但他们的生活、工作十分艰苦，有时到了一个村庄，村庄因为被日军扫荡，一片废墟，他们又饥又渴，无法休息，只能以柿子面、萝卜条、黑豆、野菜汤充饥，整天处于动荡不安之中。1942 年米勒重回土河村时，由于积劳成疾，本来十分强壮的他得了细菌性痢疾，刚好一些又得了伤寒，伤寒病使他持续发烧不退，药品又极度缺乏，只能用千方百计弄来的葡萄糖来维持。同时，129 师卫生部还用鸡蛋羹、小米稀饭、白糖对他进行调理。米勒凭着自己良好的身体素质，躺了两个多星期后，开始慢慢恢复。129 师领导和八路军总部领导都很关心米勒的健康，为照顾他的身体，于 1943 年调他回延安，任延安国际和平医院内科主任医生。

▲1943 年初，汉斯·米勒大夫因长期在前线艰苦工作疾病缠身，中共中央为了他的健康和安全，决定让他离开前线重返延安，在延安国际和平医院工作。

◎ 回到延安

1943 年米勒回到了延安，生活条件已经大大改善，苞谷、小米已能基本上满足需要，医院里还有一些白面和少量大米供应。由于营养基本上得到保证，米勒很快恢复了体力。他在国际和平医院根据自己的体会，对一些前线转来的伤病员，采取营养疗法，这些伤病员主要是一些肠胃患者和结核病人，是由于营养不良、紧张的战斗和不规律的生活患病的，在医院只要给予必需的营养补充，加上适当的疗养休息，疾病就可以迅速地好转。他的这种营养疗法在当时一些病人身上收到了很好的效果，没有使用多少药物治疗，身体也很快得到了康复。

在国际和平医院工作期间，米勒曾被派去带领一个医疗组，到杨得志部队。这支部队刚由山东调到陕北，不幸染上斑疹伤寒，由于医疗条件差，药品缺乏，得病的人越来越多，还出现了死亡情况。米勒带领医疗组来到后，一方面隔离病人进行救治，一方面切断传染源，开展灭虱运动，因为虱子是斑疹伤寒的唯一传染源。他们在部队集中的地方，设置了不少大锅，要求每个官兵脱光衣服，把衣服放到锅里煮沸灭虱，因为当时已值深秋，陕北气候又很冷，一些人对此不理解，不愿意配合，米勒坚持要按要求做，一定要把虱子消灭干净。这个办法很见成效，此后不久，斑疹伤寒就被控制住了，发病人数逐渐减少，隔离中的病人也逐渐恢复了健康，米勒得到了官兵们的信任。

在延安，米勒和马海德成为好朋友，他成为马家的常客，他们一起谈工作，谈生活，交流思想。从马海德那里，米勒借阅了大量英文书籍和杂志，并熟练掌握了英语。

抗战胜利后，米勒打算回国，第十八集团军总司令朱德亲自为他签发了通行关文，集总卫生部部长苏井观为他作了工作鉴定。这两件历史文件最有力地证明了作为一个坚强的反法西斯战士的米勒在中国战场上的卓越表现。

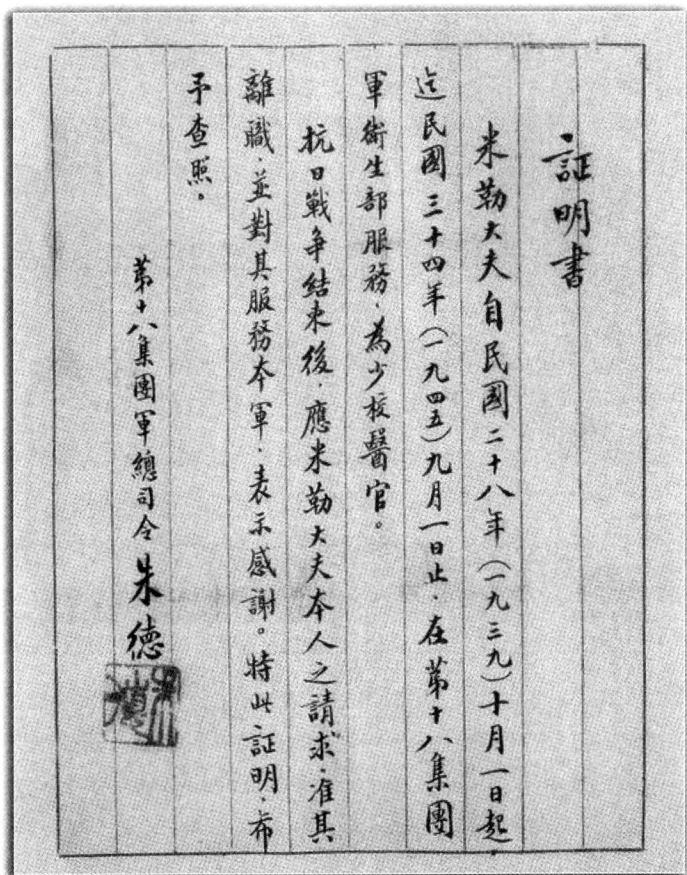

証明書

米勒大夫自民國二十八年（一九三九）十月一日起，

迄民國三十四年（一九四五）九月一日止，在第十八集團

軍衛生部服務，為少校醫官。

抗日戰爭結束後，應米勒大夫本人之請求，准其

離職，並對其服務本軍，表示感謝。特此証明，希

予查照。

第十八集團軍總司令 朱德

（1）

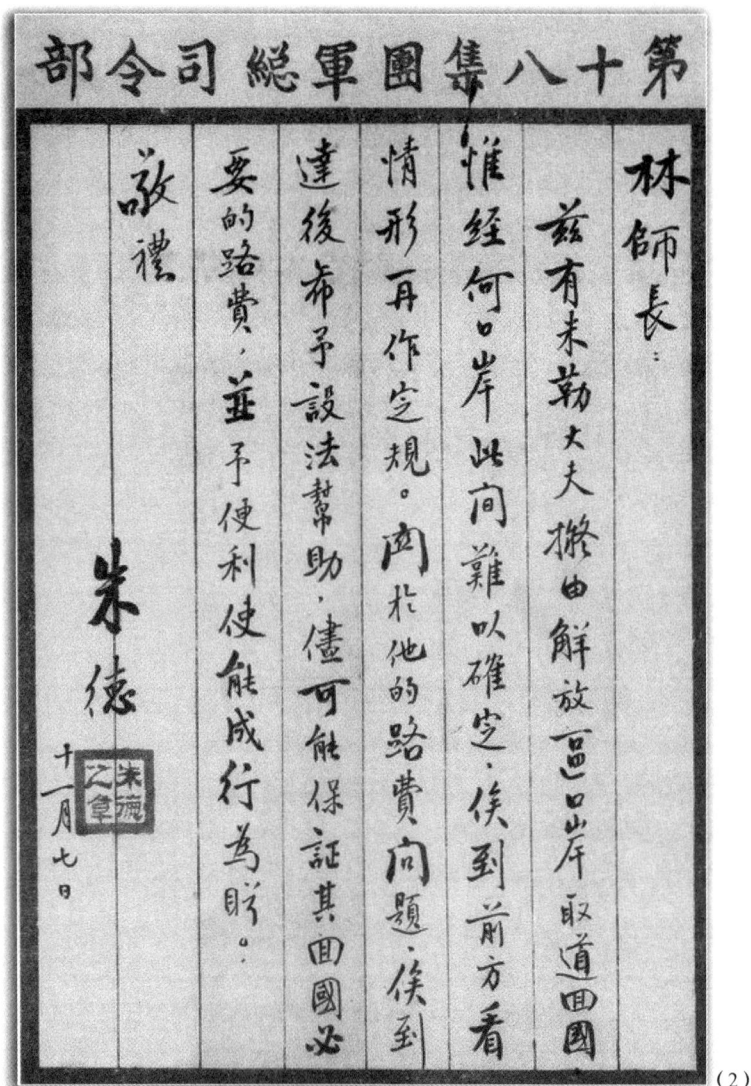

第十八集團軍總司令部

林師長：

　　茲有米勒大夫擬由解放區口岸取道回國，惟經何口岸以間難以確定，俟到前方看情形再作定規。關於他的路費問題，俟到達後希予設法幫助，儘可能保証其囘國必要的路費，並予便利使能成行為盼。

　　敬禮

　　　朱德

　　十一月七日

（朱德之章）

（2）

▲(1)、(2)：朱德总司令写信给东北民主联军林彪司令员，说明米勒需经解放区口岸取道回国，请林彪给予帮助。

◎ 留在中国

　　米勒准备从东北林彪部队的驻防处，通过苏联回国，但是解放战争的形势发展很快，到张家口时，他又担任了冀察热辽军区野战总医院院长。在东北前线，他遇到了作为助手的日本女护士中村京子，当时中村京子是到中国参加侵华战争后又参加了八路军的日本医护人员。中华人民共和国成立后，1951年，米勒加入了中华人民共和国国籍。米勒在1949年与中村结为夫妻，从此他们开始了在中国的崭新的生活。

国际共产主义战士傅莱

理查德·傅莱（Richard Frey，1920—2004），原名理查德·施泰因（Richard Stein），1920 年 2 月 11 日出生于奥地利首都维也纳一个犹太人家庭。1935 年夏，傅莱 15 岁时在维也纳十九区德布林格中学加入奥地利共青团，开始从事共产主义活动和反法西斯运动。1937 年加入共产党，为反抗兼并祖国的德国法西斯作顽强斗争。18 岁中学毕业后，傅莱自学医学，并去一家诊所实习，同时上课、参加培训、学习使用 X 光机，并获得了相关证书，积累了很多医学知识和经验。

◎ 逃到上海

1938 年 12 月，傅莱得知自己被纳粹列入黑名单，为了逃避纳粹的追捕，党组织通知他必须在 24 小时内离开奥地利。他告别了

▲ 傅莱

故乡，放弃热爱的医务工作，12 月 18 日前的一天，从维也纳

南站出发，坐火车去意大利港口城市热那亚，再从热那亚乘船经埃及、印度，前往中国上海。傅莱当时之所以选择中国，其中的原因他后来回忆说："在往中国来的轮船上，我就听人说起香港有条路通到中国的大后方，从那里可以到八路军的抗日根据地；还听说宋庆龄在香港。所以我曾趁在香港停留的机会，上岸找过宋庆龄，但人地生疏，一直找不到，而到上海后，又没找到中共上海地下党组织的关系。当时我只知道北方有八路军，还不知道南方有新四军，所以一心只想到北方去，寻找八路军。"① 1939 年 1 月 15 日，傅莱到达上海，他在海上漂泊了二十八天。

傅莱到达上海以后，找到的第一份工作，是在上海一个织袜厂里。后又在上海虹口难民传染病隔离医院工作了很短的一段时间。不久，他就离开了上海到达天津，在德美医院化验室工作。他是经朋友介绍到德美医院的，因为德美医院院长伯瑞尔（Leo Bruell）是奥地利籍犹太人。傅莱在德美医院工作了半年左右，1940 年前后，傅莱转往西开天主教医院工作，从事 X 光和化验工作。同年，傅莱再转往天津最大、最著名的医院——马大夫纪念医院工作，从事 X 光和化验工作。

◎ 寻找八路军

1941 年 6 月，苏德战争爆发。傅莱一直找不到地下党，情急之余，他给苏联驻天津领事茹科夫斯基写了一封信，要求赴苏参加苏联红军，抗击纳粹进攻。茹科夫斯基劝他留在天津，

---

① 郑生寿、高向远：《从多瑙河畔到延河之滨——记傅莱》，陕西旅游出版社1992 年版，第 132 页。

协助收集日寇军事情报，并告诉傅莱，可以在天津北站组织一个收集情报小组，苏联愿意出钱。1941 年夏，他前往北戴河，收集日寇军事情报。在返回天津的火车上，他遇到了美国传教士胡本德（Hugh Wells Hubbard）。胡本德当年在基督教华北公理会保定教区工作，全家在保定定居，每年夏天和家人去北戴河度假，经常往返于保定和北戴河之间。傅莱跟胡本德不认识，但是在得知对方是美国人以后，傅莱抑制不住自己迫切的心情，向胡本德打听八路军的消息，胡本德给他介绍了北平地下党黄浩。黄浩在基督教北平长老会工作过，他曾经利用胡本德的关系，给八路军买药、运药。胡本德也愿意帮忙，因为他同情善良贫穷的中国人。傅莱回到天津后，很快就前往北平，找到了黄浩，还见到了地下党联系人吴又居，介绍了自己的情况，表示想参加八路军。经黄浩介绍，傅莱被准许参加八路军了。1941 年 12 月中旬的一天，傅莱毅然放弃在天津的优越工作和生活，前往晋察冀边区。

傅莱前往晋察冀边区的路线，是从天津到北平，再从北平妙峰山平西情报交通联络站进山，辗转到晋察冀边区。

他和一位农民打扮的交通员，骑上自行车，飞快地向着妙峰山方向疾驰。在山间小道，他们徒步攀登。深山里，他们走进一间农舍。不多时，一队八路军战士来了，傅莱迎上前去，用生硬的中国话说："我可找到你们了!"然后，傅莱一行在山里走走停停，停停走走，转悠了差不多一个月。1942 年 1 月中旬前后，傅莱到达八路军晋察冀军区平西根据地。由于跋山涉水多日，到达平西的时候，他的鞋开绽了。根据地的人要了他鞋的尺寸，找老乡做。没想到，那些做鞋的妇女根本不相信有人长这么大的脚，以为开玩笑，就没给做。

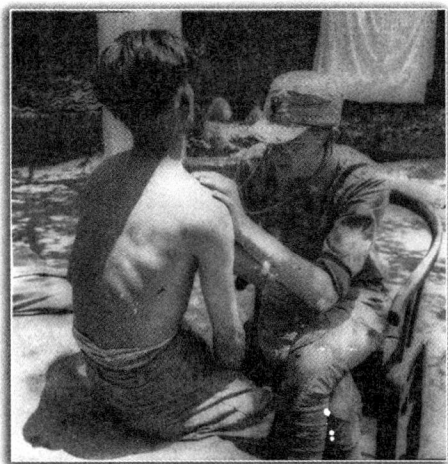

▲1942 年，傅莱在晋察冀抗日根据地
为八路军伤病员检查身体。

◎ 在晋察冀抗日根据地

在晋察冀边区，傅莱在白求恩学校和附属医院从事教学
和医务工作，一边教学，一边参加医疗救护。傅莱来中国
时，带来不少医学书籍和字典，这些书在他以后的工作中发
挥了很大作用。傅莱精通德语和英语，但不会说汉语。为了
能用汉语讲课，他先用德文写好讲稿，然后在其他教员的帮
助下，借助于字典把德文讲稿译成汉语，并在汉语旁注上读
音，自己再练习发音。为此，傅莱每讲一小时课，要花八九
个小时备课。经过一年多的锻炼，傅莱的汉语已能在讲台上
运用自如了，并且自己编写教材，为军队培养了急需的医务
工作人员及中高级干部。他的讲课很受学生欢迎，适合战争
的需要。

另一方面，傅莱在打仗的时候就去抢救伤员。这时候就和
聂荣臻元帅接触得多了。当时与聂荣臻元帅见面的时候，要介

绍一下名字。在介绍了自己英文名字后,聂帅说:"你的中国
名字叫傅莱。"傅莱就说:"好,我就叫傅莱。"

1942年7月5日,晋察冀军区任命傅莱担任军区医药指导
委员会委员,经常随军区卫生部检查团,下到分区和战斗部
队,检查卫生工作。两年多下来,他几乎走遍了边区大部分地
方和部队野战医院、后方医院、急救手术站、休养所和卫生
队,针对晋察冀根据地存在的各种传染疾病,寻找防治的办
法。20世纪40年代初,晋察冀边区曾流行麻疹和疟疾,由于
日本侵略军的军事封锁,前线的药品非常匮乏。傅莱通过向当
地老中医请教,找到了用针灸治疗疟疾的方法,并亲自到作战
部队去进行实验和推广,从而有效地控制了病情的蔓延,取得
了根据地战胜疟疾流行病的胜利,采用中西医结合的方法救治
了大量抗日将士。

◎ 来到延安

1944年8月中旬以后,傅莱被调往延安。从晋察冀去延
安,3000里路,峰峦叠嶂。10月前后,傅莱到达延安,在交
际处暂住。傅莱到延安不久,毛泽东前来看望。毛泽东浓重
的湖南口音,傅莱一点儿也听不懂。毛泽东又说了两句英
语,傅莱还是听不懂。两个人没法直接交流,就由别人当翻
译了。临走的时候,毛泽东说:"有困难找杨尚昆和胡耀
邦。"傅莱后来说,"毛泽东具有出色的雄辩能力,但是他的
方言、他的外语我几乎听不懂"。毛泽东的亲切和真诚深深
地感动了他。

随后,傅莱被分配到延安中国医科大学(即医大)当教
员,讲授传染病学。11月16日,他到延安没几天,就获得陕

甘宁边区政府"热心医药卫生工作"褒状。这应该是对他的一种鼓励。同月，他要求加入中国共产党。

▲傅莱（右四）在延安中国医大附属医院，右二为马海德。

11 月 22 日，经过他的老领导、正在延安参加整风运动和准备参加中共七大的晋察冀军区司令员聂荣臻介绍，中共中央组织部代理部长彭真亲笔写给傅莱一封公函，表示接受他入党。公函全文如下：

傅莱同志：

你要求加入中国共产党的问题，中央组织部经讨论，决定接受你的要求，批准你加入中国共产党为候补党员，候补期为半年（从 1944 年 11 月 21 日起）。我们已通知联政转卫生部将你编入党的支部。

专此致布礼！

中央组织部彭真 1944.11.22

傅莱在晋察冀根据地工作时，走遍了分布在军区各地的部队，看到战场卫生条件很差，伤员转到野战手术点时，大多已被病菌感染。由于缺乏有效的抗菌药物，经扩创缝合的伤员也出现继发性感染。大批痛苦难耐、渴望生存的伤病员，终日挣扎在死亡线上，不少人致死致残。傅莱决定要尽快弄到高效低毒、救命的抗菌药。在得知医治战伤和多种感染性疾病的特效药青霉素已于 1941 年在英国用于临床，1943 年美制青霉素已大量用在盟军各地战场的消息后，傅莱决定自力更生，克服困难，在边区把青霉素开发出来。

◎ 研制粗制青霉素

1944 年 3 月 24 日，在傅莱主持下，延安中国医科大学成立了粗制青霉素实验室，由王学礼、宋同珍为助手。整个试制过程，使用美国援华会提供的高压蒸汽锅、青霉菌芽孢、培养液原料，以及各种研究参考资料。边区政府批准了试验费，在财力物力上给予帮助，并得到延安各大医院的协助。4 月底，试制成功，制得粗制青霉素。5 月 20 日上午 9 时，中西医药研究会在边区参议会大礼堂举行第一次学术研究报告会，傅莱介绍粗制青霉素试制经过。三天以后，《解放日报》发布了消息。宋庆龄主办的英文报刊《新中国》对傅莱研制粗制青霉素也进行了报道。《解放日报》详细报道了傅莱研制粗制青霉素的经过和聂荣臻司令亲笔写给傅莱的信。杨成武司令也给傅莱写信，赞扬他的研究成果。为此他得到了毛泽东主席和朱总司令的特别嘉奖。

在延安当时极其艰苦落后的条件下，傅莱成功地研制出自己的粗制青霉素和外用青霉素，用于战伤及感染性疾病治疗，解决了前方军队和根据地军民急需外伤药品的问题，挽救了许多在战场上负伤将士的生命，是中国在战争时期研制使用青霉素的第一人。

在医大，傅莱给第 18 期学员讲过课，教授传染病学。他考试的方式很有意思，每个人答完卷，然后学员互相看答卷，他不看，主要达到复习的目的。

▲1945 年 7 月，傅莱和李滨珠在延安结婚。

在延安，傅莱还收获了爱情，1945 年 7 月和奔赴延安抗战的河南女青年李滨珠结婚。抗战胜利后，傅莱夫妇随医大迁往东北，到达张家口以后，傅莱重回白求恩医科学校，跟随部队参加解放战争，直到中华人民共和国成立。傅莱为中国的医药卫生事业奔忙了一生，直到 2004 年在北京病逝。

苏联勇士库里申科和志愿航空队

这条大江从我家乡流过，
就在这里库里申科壮烈牺牲，
为了赞颂这永恒不朽的生命，
江水日夜唱着中苏友好的歌。

他像一道闪电掠过天空，
他像一声雷鸣响入江中。
江水把它在这里漩起的花圈，
虔诚地向库里申科奉献。

两岸山岩苍翠的松柏，
肃立着为他崇高的灵魂静默；
每个人从这里都肃然低回，
庄严的敬爱漫透这片江水……

这条大江从我家乡流过，
感激地仰望着十月革命的圣火，
永记着为中国战斗过的库里申科，
江水日夜唱着中苏友好的歌。

这首《库里申科之歌》，诗人方敬写于1957年10月。

格里戈里·阿基莫维奇·库里申科（ригорий Акимович Кулишенко，1903—1939），苏联共产党员，空军少校，1903年出生于乌克兰切尔卡塞市，原苏联空军轰炸机大队长，曾荣获苏联政府颁发的"光荣奖章"。

◎ 库里申科来华参战

1939 年 5 月，库里申科受苏联政府和人民的委托，率远程轰炸机志愿队来到中国。

每天清晨，位于成都南郊太平寺机场上一片忙碌，加油车四处奔跑，飞机的发动机开始吼叫，划破了周边寂静的晴空，库里申

▲苏联空军志愿队轰炸机大队长库里申科

科一天的教练日程就正式开始了。库里申科大队长对中国飞行学员要求非常严格，一丝不苟，不仅耐心地讲解"达莎"的性能、特点、操作方法，还亲力亲为地为受训的飞行员系好安全带、关好座舱盖，并经常亲自带飞。为了纠正学员不正确的飞行动作，他常在空中反复演练。有时为了纠正学员落速或进入机场角度方面的偏差，他往往连续带飞三四次，直到学员掌握了要领才肯罢休。库里申科以亲和、朴实、谦逊、热情和对工作的忘我态度，赢得了中国飞行员的尊敬和高度赞誉。

◎ 苏联志愿航空队

1937 年，日军发动对中国的全面侵略战争。中国空军当时能够参加作战的飞机不到日军的七分之一，但在淞沪会战中，中国空军仍然英勇地抗击了日军的入侵；抗战爆发后的三个月里，中国空军在没有外援的情况下，击落日本飞机 30 架，击毙日本飞行员 327 人。中国空军的 300 架飞机几乎全部消

耗，10 月底仅有的 80 余架飞机或伤或报废，已经不能起飞迎敌，十分需要国际援助。但此时，美国奉行中立主义政策，一方面对中国"限购自运"，不向中国直接提供军事援助，另一方面则据《美日商约》把军需工业原料卖给日本。而苏联政府抱着对中国抗日战争同情和支持的态度，采取了积极的援华方针。1937 年 8 月 20 日签订《中苏互不侵犯条约》，10 月组成苏联志愿航空队援华作战。

第一批苏联空军志愿队包括一个战斗机大队和一个轰炸机大队，1937 年 11 月飞抵肃州和兰州。直至 1941 年 6 月 22 日，由于苏联卫国战争爆发，大规模援华中断。在此期间，苏联向中国提供 2.5 亿美元低息贷款，并先后向中国出售 1285 架飞机及其他作战物资。苏联政府还帮助中国建立了航空物资供应站、飞机修配厂和航校、训练基地，以轮换方式分批派遣军事顾问，连同各种空、地勤技术人员共计 5000 余人，训练中国飞行员和地勤人员。为加快培训进度，还有一大批中国学员被送往苏联国内进行强化训练。

苏联同样采取轮换形式，派遣了空军志愿队员 2000 余人来华参战，苏联志愿航空队的成员先后进驻南昌、武汉、重庆、梁山（今梁平）、成都等地，为中国的抗日战争作出了重大贡献，其中二百多名官兵为之献出生命。据苏联公布的战史资料，从 1937 年 12 月在南京上空秘密参战，到 1939 年底基本从各地机场撤出，共有七百多名志愿队员直接参加了保卫南京、武汉、南昌、成都、重庆、兰州等地的 25 次战役，出动飞机千余架次，击落日机数百架，炸沉日军各类船舰 70 余艘。苏联志愿航空队的兵力不断扩充，最高峰时，达到战斗机、轰炸机各四个大队。

▲苏联志愿航空队飞行员战前挂弹

◎ 武汉上空的神鹰

1938 年 2 月 18 日，日军出动 12 架轰炸机，在 26 架战斗机护航下，轰炸武汉。苏联志愿飞行队起飞迎战，一举击落日机 12 架。苏联志愿飞行员由此获得"正义之剑"的美誉。

4 月 29 日是日本"天长节"，也就是天皇生日。日军为向天皇生日献礼，出动飞机 69 架，前往武汉报复。被称为日本空军两张王牌的木更津航空队和鹿屋航空队也参加了这一次行动。苏联空军志愿队再次升空作战，与日机激战 30 分钟，以两架飞机的代价，击落日机 21 架。

5 月 31 日，日本空军出动轰炸机 18 架，在 36 架歼击机护航下，第三次猛扑武汉，结果日机又在损失了 14 架飞机后失败。苏联飞行员古边科在子弹打光后，猛然撞向日机，致使日机坠毁，自己却驾机安然降落。古边科因此荣获中华民国金质奖章。

◎ 奇袭日据台湾松山机场

苏联志愿航空队于 1938 年 2 月 23 日奇袭设在台湾岛上的日本海军松山机场。松山机场是日军的重要航空基地，自 1937 年 8 月以来，日本海军航空队曾多次从这里起飞，对中国大陆进行狂轰滥炸。此外，这里还是日本至南洋一条重要航线的枢纽，战略位置极为重要。

苏联志愿航空队组成两个轰炸机编队：一队为驻在南昌的 12 架轰炸机，由中苏混合编队；另一队为驻在汉口的 28 架轰炸机，均由苏联飞行员驾驶，分别从南昌和汉口秘密起飞了。不幸的是，南昌编队起飞后不久，因领航员计算错误，偏离预定航向，最后被迫在福州机场降落，加油后无功而返。汉口编队在波雷宁大尉指挥下，采用节省燃料的 5500 米高度直线飞行。当时飞机上没有供氧设备，苏联飞行员以惊人的毅力克服了高空缺氧的生理反应。到达台湾海峡后，机群降至 2000 米高度，飞行员才得以呼吸到充足的氧气。逼近台北时，机群又拉到 4000 米高空。

为了迷惑敌人，编队先向台湾北部飞行，然后突然调头南下，并下降高度，直逼松山机场。此刻，机场上飞机整齐地排列着，机库旁堆放着一堆堆尚未启封的包装箱，停着油罐车，既无战斗机升空拦截，也无高射炮火拦阻。日军毫无戒备。

轰炸机群飞临松山机场上空，将飞机所载 280 枚炸弹全部投了下去。霎时间，机场上的几十架日机被炸得七零八落，燃起熊熊大火。十几座油库和机库也陷入一片火海之中。机场上储存的可使用三年的航空油料和设备转眼间毁于一旦。

中午时分，28 架轰炸机排着整齐的队形，胜利返回汉口机场。次日晚，宋美龄以航空委员会秘书长的名义亲自设宴为出击松山的苏联飞行员们庆功。她在致词中说："出击台湾在国际上引起巨大反响，日本当局已将其驻台行政长官罢免，并将松山基地指挥官撤职，交法庭审判。"

▲苏联志愿航空队的飞行员们在机场的草地上待命出击

▲苏联志愿航空队轰炸机机群飞临台湾松山机场

◎ 轰炸汉口

1939 年 1 月，中国国民党航空委员会从贵阳迁至成都。到 10 月，苏联空军援华达到最高峰，当时在华航空人员达 425

人。苏联驻华空军顾问阿尼西莫夫、副顾问胡鲁耶夫、参谋长伊里茵也常驻成都，并经常与国民党空军共同研究对日空战的对策。鉴于轰炸重庆的日机主要集结于汉口，故决定派驻成都的重型轰炸机去袭击日机在汉口的基地。

1939 年 10 月 3 日，天气晴朗。苏联志愿航空队 9 架重型轰炸机从成都起飞，突然飞临日占汉口机场上空。当时，日海军航空队的军官全都聚集在指挥所门前，正兴高采烈地翘首仰望蓝天，迎接木更津航空队 6 架新锐攻击机的到来。一向目空一切的日军认为，此刻国民党空军避战还来不及，岂敢到"皇军"头上动土，因而毫无戒备。下午 1 时 30 分，这批日机刚刚降落，苏联机群突然飞临，将炸弹全部倾泄下去。50 多个 100 公斤的炸弹正好落在指挥所门前，日海军鹿屋航空队副队长小川、木更津航空队副队长石河等四名校官和一名尉官当场被炸死。鹿屋航空队司令官大林末雄大佐等 25 人也身负重伤，指挥轰炸重庆的日军第一联合航空队司令冢原二四三少将的左臂被炸掉，34 架日机被炸毁，而苏联轰炸机仅有一架受轻伤，胜利凯旋。

10 月 14 日，苏联志愿航空队再次出击，20 架轰炸机于 12 时 13 分轰炸日占汉口机场，一举炸毁日机 60 架，打伤击毙日陆海空官兵 300 多人。事后，日军哀叹这是"事变开始以来最大的损失"。

苏联轰炸机群在凯旋途中，又与从孝感机场起飞追来的 9 架日军战斗机交战，结果又击落 3 架日战斗机。

轰炸机大队在武汉上空与敌机相遇。在击落 5 架敌机后，库里申科的飞机左发动机被击中，他用单发坚持飞行。返航至四川万县上空时，飞机失去平衡，他尽力控制飞机超低空摇摆着避开居民区，迫降于长江水面。机组人员中的领航员、报务员和轰炸员都爬出机舱。当地民众亲眼目睹了这一惊险过程，纷纷跳入江中营救。唯有库里申科大队长因筋疲力尽，未能爬出机舱。二十天后，人们才在下游猫儿沱发现了他的遗体。

万县人民为库里申科举行了隆重的追悼大会，并把他安葬在景色壮美的太白岩。为了纪念这位异国勇士，中国人民后来在万县为他树立了纪念碑。

▲位于重庆万州的库里申科墓

1956 年 3 月，武汉市人民政府在汉口解放公园内，建立了苏联空军志愿队烈士陵园，将原来葬于万国公墓的志愿队 15 位烈士的遗骨迁葬过来，墓前树起了一块 8 米高的石碑，正面刻着"苏联空军志愿队烈士墓"，背面刻着"在中国人民抗日战争中牺牲的苏联空军志愿队烈士永垂不朽"。

2009 年 9 月 14 日，库里申科以"为中国抗战而牺牲的苏联勇士"，荣膺"100 位为新中国成立作出突出贡献的英雄模范人物"称号。

美国将军陈纳德的中国抗战生涯

克莱尔·李·陈纳德（Claire Lee Chennault，1893—1958），美国陆军航空队中将，飞行员。曾为第二次世界大战时在中国作战的美国志愿航空队"飞虎队"的指挥官，有"飞虎将军"之称。

◎ 飞行梦想

陈纳德 1893 年 9 月 6 日生于美国得克萨斯州康麦斯，这时，距莱特兄弟发明飞机并首创人类飞行记录已经十年。少年陈纳德非常佩服莱特兄弟，希望有一天自己能飞上蓝天。

▲ 胸前佩戴飞虎队标志的陈纳德将军

1911 年从路易斯安那州立大学师范学院毕业后，陈纳德先后当过乡村教员、英文教员、体育教练、工厂检查员等。在从事这些平常工作以养家糊口的同时，他始终没有放弃飞上蓝天的理想。1917 年 4 月，美国对德国宣战。陈纳德立即申请参加飞行训练，希望能飞上蓝天，尽管此时他已是两个孩子的爸爸了。他被断定为不具备优秀飞行员的素质而被拒绝后，陈纳德并不灰心，而是认为进入军队就会有希望，所以他先是进入步兵部队，受训三个月后，担任了陆军中尉。离他驻地不远的凯利机场开始征召志愿飞行员时，陈纳德立即应征加入了飞行部队。在进行步兵操练阶段，他想方设法接近飞行教练，以便偷偷学习飞行，第二年年底成为正式飞行员时，他已经飞行了80个小时。1918年，他终于成为正式飞行员，他师从名师，学习了高超的飞行技艺，第一次大战结束后，他第一次退出美军现役部队。第二年，30岁的陈纳德闻讯，参加了美国陆军组建独立编制的航空兵部队，得以继续他的飞行梦想。陈纳德在部队中，和第一次世界大战中的王牌飞行员们切磋飞行技艺，创造新的战术。1923年，陈纳德调任驻防夏威夷瓦胡岛的第十九战斗机中队指挥官，在那里编写了《战斗机飞行技巧手册》。1929年，陈纳德晋升为上尉。后任高级战术教官。

20世纪30年代，世界空军界流行意大利军事理论家杜黑的"轰炸至上"的空战理论，战斗机受到漠视。陈纳德十分重视战斗机在进攻性轰炸中的作用，通过研究第一次世界大战空战史，十分推崇德国王牌飞行员华德·冯·勃艾尔克提出编队作战的主张。他反对当时盛行的单机格斗战术，主张战斗机应集中火力，编队进行作战，并视之为战斗机战术的一项基本原则。他坚信，现代空战是不能没有战斗机的，在未来的战争中，战斗机将像轰炸机一样扮演着重要角色。1935年，他编著出版了《防御性追击的作用》一书，阐述了自己的观点。

1933年，陈纳德代表陆军航空队领导成立了被称为"三人空中秋千"特技飞行队，将美国的战斗机飞行技术推向一个新的高峰。1936年1月，"三人空中秋千"在佛罗里达州迈阿密的泛美航空博览会上举行告别表演，其时，中国空军将领毛

▲陈纳德在美国陆军航空队的飞机机舱里

邦初正来美国考察空军，他看了"三人空中秋千"的表演后，马上邀请陈纳德到中国帮助训练飞行员。1937 年春，从美国部队退役的陈纳德接受了中国政府的邀请。

◎ 担任中国航空顾问

1937 年 6 月，陈纳德来到中国，受到担任中国航空委员会秘书长的蒋介石夫人宋美龄的接见，被聘请为航空委员会顾问，宋美龄要求陈纳德巡视全中国的空军，对它的战斗力作出客观的评价。宋美龄拨给他两架 BTB 式教练机，陈纳德选择他的老搭档麦克唐纳共同进行此次巡视。

中国空军的大规模建设是从九一八事变发生以后开始的。1932 年 6 月，国民政府制定了《空军建设计划和防日计划》，其宗旨是大力发展空军。国民政府建立了中央航空学校，由蒋介石兼任校长。中国向美国、意大利等国订购了大量的军用飞机和航空器材，聘请美国顾问团、意大利顾问团来中国，从事训练中国飞行员的工作。陈纳德巡视了几个中国空军基地，得出的结论是，中国空军还没有完成作战准备！但在此时，日本发动了标志全面侵华的卢沟桥事变，陈纳德立即致电蒋介石，要求尽其所能为中国的抗日战争服务。蒋介石回电："我愉快地接受阁下志愿服役的请求，请即赴南昌主持该地战斗机机队的最后作战训练。"这样，原定赴华三个月、担任临时性顾问的陈纳德，开始了他在中国八年的抗战生涯。从 8 月到 12 月，陈纳德主要以顾问的方式参加抗战初期中国空军的对日作战。作为航空委员会的首席外国顾问，几乎参与了当时中国空军的每一个重大决策。在上海和南京的空战中，陈纳德教会了中国战斗机飞行员运用战斗机拦截战术对付结队而来的日本轰炸机。上海、南京的空战证实了陈纳德在《驱逐机在防御中的作用》一书所阐述的战术。陈纳德还训练中国飞行员进行夜间俯冲轰炸，因为飞机短缺，中国空军开始夜袭上海之敌，其中规模最大的是 9 月 18 日的夜战，中国空军以 24 架飞机飞临上海，给上海日军以重大杀伤。

同时，陈纳德像他在夏威夷一样，试验性地建立空袭警报网，他们以电话、电报为通讯手段，在南京、上海、杭州三角地区建立了空袭警报联络网。在这个区域中，任何一处的观察哨发现日机飞临，都能迅速向中国空军指挥部报告，从而建立了战时防空预警系统。陈纳德在中国卓有成效的工作，使得日本通过外交途径要求美国人离开中国，因为美国此时还奉行孤立主义政策，但陈纳德不为所动，坚持在中国抗战。1938 年武汉空战期间，苏联空军志愿大队来华参战，陈纳德仍参与策划、指挥武汉空战，组织了精彩的四二九空战。1938 年 10 月，武汉失陷前夕，陈纳德前往昆明空军军官学校，主持飞行员训练工作，为重建中国空军而努力。中国空军军官学校由杭州笕桥迁到了昆明巫家坝机场附近，陈纳德担任学校的总教官。1939年圣诞节，陈纳德回国休假，同时再次提出回重返美国空军战斗部队的申请，但没得到批准，只允许他担任空军教官，所以，他于1940年初再次返回中国。

◎ 成立美国航空志愿队——飞虎队

　　1940年，随着欧洲战事紧张起来，苏联援华空军渐渐撤出中国，中国无论是在飞机还是在飞行人员上，都面临着巨大的困难。日军不停地对其未占领地进行狂轰滥炸，中国则无力抵抗。1940年10月，蒋介石在重庆约见美国驻华大使詹森，正式要求美国向中国提供空中援助，请求每年援助500—1000架飞机，并需于二三月内急运500架来华，最好有飞行员和飞机地勤人员等随行，蒋介石派遣陈纳德和毛邦初等赴美争取购买飞机和雇佣美国驾驶员。陈纳德他们利用半年时间，多方努力，争取了第一批100架P-40型战斗机，成功招募了110位飞行员、约150位机械师和一些后勤人员为第一批志愿队员。1941年8月1日，蒋介石以中国航空委员会委员长名义，签署了批准成立美国志愿航空队的命令，陈纳德上校就任该大队指挥官。陈纳德在缅甸丛林中，对航空队员进行了严格、科学的训练，给他的部下系统讲述了他的战斗机作战原理：双机协同作战，长机担任攻击任务，僚机在长机的侧翼和机尾担任掩护，用自己装备的长处去攻击敌人的短处。他强调，要充分利用P-40型战斗机速度快，火力强的长处，而日本战斗机的长处则是升空高，爬高快，能在弹丸之地转弯，也能凌云直上，因此必须抢在日机之前升空，以高速迅捷的俯冲力，飞过去，开火，然后溜走，再进行第二次升空、俯冲、开火、溜走，绝不能留在日本防御火器的射程之内，这样就能在战斗中占有优势，百战百胜。射击是训练的重点科目。他认为一个飞行员不管在飞行技巧上多么娴熟，但如果不能准确地射击，就一无用处。他日复一日地让他的部下上天，命令只有一个："俯冲！射击目标！"陈纳德将这些飞机以及不满百人的飞行员编组成一个大队，下设三个中队：第一中队的名称是"亚当和夏娃"，由来自德克萨斯州的罗伯德·桑德尔指挥；第二中队的名称是"熊猫"，由来自纽约州的约翰·纽科克指挥；第三中队的名称是"地狱的天使"，由来自加利福尼亚州的阿维德·奥尔逊指挥。他还将所有的飞行员结成对子，由一架战斗机保护另一架战斗机的机尾。为了提高志愿航空队的士气，陈纳德采纳了一些飞行员的建议，在每一架飞机的机身上画上了一张露着尖牙的鲨鱼大嘴，再加上一双邪恶的眼睛，这个怪样子是这些飞行员从一本《印度画报周刊》上看来的，其中一张照片拍摄的是一架在北非战斗的 P－40 型战斗机，它的机身上被画上鲨鱼的嘴和牙齿。

　　1941 年 12 月 20 日，日军 10 架飞机进攻昆明，陈纳德以 16 架飞机迎战，取得胜利。12 月 23 日、25 日，美国志愿航空队第三支队在缅甸仰光上空取得了与日军空战的胜利，击落日战斗机 21 架，轰炸机 15 架。志愿航空队员根据陈纳德的布置，成功地运用陈纳德教给他们的战术，首先冲散日机的编队，然后编组集中火力攻击日本轰炸机，连战连捷。他把另外两个支队也调遣到缅甸共同作战，与日本空军作战 31 次，取得了辉煌战绩：击落日机 217 架，付出的代价是损失飞机 16 架，损失六名队员。中国、印度、美国的报刊都以显著位置报道他们的战绩，从此送给他们一个美称——"飞虎队"，陈纳

▲飞虎队队员和战机

德也成为"飞虎将军",中美领导人都给予了他们极高的赞誉。由于飞机数量有限,陈纳德使用空中游击战术与日本周旋。缅北失守后,航空队撤往中国云南,保卫云南领空,打击来犯的日机,阻止日军进攻云南。陈纳德使用游击战术,在中国战时首都重庆及华中日本占领地都展开游击战,给原想为所欲为、毫无顾忌的日本空军造成极大的威胁和心理压力。至1942 年 7 月初,美国志愿航空队在半年多时间里,以不满百架的飞机,作战百余次,取得了击落日机 299 架的辉煌战绩。7 月8 日,根据美方的意见,蒋介石下令解散了美国航空志愿队。

◎ 第十四航空队

1942 年夏季,美国驻华空军特遣队成立。陈纳德准将担任司令官。美国政府规定驻华空军特遣队的主要任务是保卫从印度到昆明的"驼峰"空运线。陈纳德指挥战斗机掩护轰炸机，在日军飞机要偷袭美军运输机时，给予对方严厉打击，使日军不敢轻易进攻美军运输机。陈纳德提出了"空中战略"，他要指挥一支拥有 100 架飞机的空军，在长江以北和中国的海岸线附近攻击日军，得到了罗斯福的支持。1943 年 3 月，第十四航空队正式建立，陈纳德被晋升为少将，出任司令。5 月 18 日，罗斯福接见宋子文，明确保证将立即加强美国驻华空军，支持中国战场，并说明第十四航空队今后的任务是摧毁日本驻华空军，袭击日本海上运输线，在夏秋两季至少击沉 50 万吨船只。罗斯福两次约见了陈纳德，讨论打击日军的计划。陈纳德回到中国后宣布，驻华美国空军的游击时代已告结束，应该开始实施他的空战计划的第一步了。6 月中旬开始，他派遣第二十三战斗机大队和第十一轰炸机中队前往湘桂前线，执行防卫衡阳、零陵、桂林一线，并向华中日军发起进攻的任务。靠着中国军民提供的准确情报，"美国空军斗志高昂，作战勇猛，凭借着"精密之情报通讯网，以对空通信之绝对优势"，左右了空战的进程。① 7 月 1 日起，陈纳德开始了对日本船只的进攻，第三〇八轰炸机大队对北部湾日本运输船进行轰炸，美国空军不断袭击北部湾和长江的日本船只，使他们陷入了寸步难行的困境。汉口、香港、广州的日军码头、机场也连续遭到轰炸。日本的运输船被迫驶离北部湾，在中国沿海的航运也只得远离中国海岸线。

11 月 25 日，陈纳德第十四航空队以 15 架战斗机掩护着 14 架 B－25 型轰炸机远征台湾，袭击了日军在新竹的机场，一举击毁敌机 40 余架。常德战役中，陈纳德航空队坚决果敢地支援了地面战斗，使日军不得不撤离常德，中国军队取得了胜利。

---

① 金光耀、石源华：《陈纳德与陈香梅》，团结出版社 2008 年版，第 98 页。

▲1943 年，陈纳德的第十四航空军的飞行员们，听到空袭的命令后，跑向 P –40 型战斗机。

十四航空队的优异战绩，美国陆军航空队奖给了陈纳德一枚优异飞行十字勋章，年底，陈纳德的画像成为 12 月 6 日美国《时代》周刊的封面，他的身后是一只咧着大嘴、展开双翼的"飞虎"同时，《时代》周刊还登载了该杂志驻重庆著名记者白修德采访陈纳德的专文。

◎ 中美混合联队

陈纳德真心帮助中国抗战，他不仅带领美国飞行员志愿为中国抗战服务，而且还愿意培养中国飞行员。早在 1942 年 3 月，在陈纳德的建议下，美国就开始为中国培养飞行员，中国第一批飞行员被派往美国亚利桑那州和得克萨斯州的航校学习飞行。1943 年，从华盛顿回到中国后，陈纳德在卡拉奇建立了训练基地，像训练美国航空志愿队那样训练中国飞行员。9

月，100 多位飞行员从美国学成归国，组成了混合团的第一支作战部队。10 月 1 日，中美空军混合团正式组成。10 月，陈纳德把在印度训练的混合团的一个轰炸机中队和两个战斗机中队调往中国，11 月初，混合团开始战斗。在第一个月中，它先后出击南海，轰炸日本航空母舰，远征台湾，奇袭新竹机场，击落击毁敌机 40 多架，击沉敌舰 4 艘。

1944 年初，陈纳德从日军的频繁调动中察觉日军要发动新的攻势，他及时将此情报向中国战区司令官史迪威进行汇报，并且制定了作战计划。4 月 17 日，日军发起豫湘桂战役，其主要目的限定为"基本歼灭西南支那（桂林、柳州方面）敌空军基地"。陈纳德立即调遣在湖南、广西境内的第十四航空队战机前往河南前线，轰炸日军交通大动脉——黄河大桥。同时，陈纳德将刚运抵中国的 P－47 型新式战斗机和 B－24 型轰炸机从云南调赴成都，出击平汉铁路。第十四航空队最初的空袭成效并不显著。5 月初，美国飞机配备了新式火箭后情况才得到改善。新乡、信阳等日军交通枢纽和重要据点先后遭到美国空军的猛烈轰炸。之后，日军继续进攻湖南、广西。第十四航空队是以衡阳、桂林等地为基地的，当时中美联合空军的力量已远远胜过日本空军，既然日军已到了他们的航程范围之内，日本飞机不敢与美国战机直接对抗，陈纳德改变了战术，中美联合空军首要任务是轰炸日军后方基地汉口及其附近的航运。陈纳德组织了地空联络小组，积极配合地面部队打击日军，并且对日军运输船只进行了卓有成效的猛烈袭击。在接下来的衡阳保卫战中，更是集中力量轰炸日军运输线，完全掌握了制空权。从 5 月 26 日到 8 月 1 日衡阳失守前夕，华中前线的美国空军共出动作战 5287 架次，扔下炸弹 11640 吨，炸毁卡车 595 辆，桥梁 14 座，炸沉大小船只千余艘，并击毁敌机百余架。自己损失了 43 架飞机。

▲1944 年，陈纳德的第十四航空军轰炸黄河大桥，阻止日军渡过黄河。

10 月底，代替史迪威的魏德迈出任中国战区司令官，12 月对驻华美军的行动作出了部署，第十四航空队的任务是保卫"驼峰"空运线；支援美军在太平洋上的作战等。第十四航空队在从泰国到华北的更广阔的范围内，继续攻击日本的运输线和空军基地，保持并扩大最近所取得的辉煌战绩，使日军陷入寸步难行的境地。

到 1945 年初，陈纳德已经指挥了 500 架次战斗机、100 多架次轰炸机和 3 万名官兵，另外还有中国空军的飞机和 B－29 型轰炸机，而此时日军已经处在劣势，陈纳德率领的空军主要对日军机场和重要交通线进行攻击，狠狠打击了日军的空中战斗能力及运输能力。"到 1945 年 3 月，日机在中国出动的架次日益减少，面对美国空军在中国各地的飞袭毫无力量反击。这样，侵华日空军最后失去了空战的力量，在战争结束前五个多月就在事实上中止了空中行动。"① 7 月 8 日，在来华参战的八周年之际，他向魏德迈递交了辞呈，又一次从美国军队中退役了。8 月 8 日，陈纳德启程回了美国，但他对中国人民的抗日战争所作出的杰出贡献，不会被埋没，他的"飞虎将军"的美名将会永远传扬下去。

---

① 顾学稼、姚波：《美国在华空军与中国的抗日战争》，载美国研究网，ht-tp：//www. afwing. com/combat/USAAF@ CHINA/1. htm。

五次来华的美国史迪威将军

约瑟夫·华伦·史迪威（Joseph Warren Stilwell, 1883—1946），美国佛罗里达州巴拉特卡市人。史迪威将军一生中曾五次来华，在中国度过了十三个年头，能够讲一口流利的汉语，对中国的感情极深，可以称得上是美国的"中国通"。

◎ 史迪威的前四次来华

史迪威与中国的交往，还得从 20 世纪初说起。

史迪威 1883 年出生于美国佛罗里达州的一个军人世家，自幼

▲1942 年至 1944 年 10 月，约瑟夫·华伦·史迪威将军受美国政府派遣，任中国战区统帅部参谋长兼中缅印战区美军司令。

聪明能干、精力过人、做事讲究效率。他语言天赋很高，尤其对体育活动非常钟情。中学毕业后，他遵从父命进入美国著名军校——西点军校学习。经过四年严格的军事训练，1904 年史迪威毕业入伍，被派往美国驻扎在亚洲菲律宾的第十二兵团服役。1906 年，他被调回西点军校任教官。正是由于第一次

服役被派往亚洲，史迪威对亚洲产生了兴趣。1911 年 1 月再次赴菲律宾步兵第 12 团服役，3 月晋升为中尉。这年 11 月，正在菲律宾服役的美国陆军中尉史迪威，请假来到中国。第一次中国之行他停留了十七天。彼时，这个古老的国家推翻帝制、建立共和才仅仅六个星期。史迪威在上海登岸，而后去了香港，再溯江而上到了广州和梧州。他对中国最初的印象并不好，他在笔记里评论的主要是贫困、肮脏、恶臭、杀戮、死亡，等等。史迪威在给他妻子的信中写道：他不会赞成她来中国——连他自己也没有预料到，后来他会四次返回中国，并在未来与这个国家发生如此深刻的联系。

第一次世界大战期间，史迪威成为美国陆军的首名中文学生。他先在国内学习了一年汉语，1920 年，史迪威带着妻子温妮和三个孩子乘船到达北京。他们在北平的总布胡同 3 号找到了一座四合院，这里，成为他们在北平的第一个家。

初到北平，史迪威的主要日程是学汉语。史迪威非常用功，除了上午在学校上课，他又请了一位曾是紫禁城里的骑兵卫士，但实际上是学者和三品官的管文纯先生，做他的家庭教师，他给史迪威取了这个中文名字。

1921 年 4 月，美国红十字会"借"调史迪威，派他负责修建山西的一条公路。1920 年山西遭受了严重饥荒，红十字会想要建造从汾州府（现汾阳）到黄河的公路以改善赈灾物资的调配。史迪威指挥 6000 工人，用了几个月的时间修好了这条 131 公里的道路。

1922 年至 1923 年 6 月，史迪威作为美国驻华武官处工作人员，视察了中国东北、外蒙古、浙江、江西、湖南等地区，广泛接触了中国的广大地区，加深了对中国的了解，与中国人民建立了友好的关系。之后回国。

1926 年，史迪威偶然得知美国陆军准备向天津派驻人员，他立即抛弃去法国的机会转而申请去天津。同年 8 月，史迪威一家再度乘坐陆军运输船前往中国。史迪威全家抱着一种即将回家的心情又一次来到中国。

史迪威在驻津美军第 15 步兵团中担任营长，这是美国驻扎在中国的唯一一支步兵。美国派兵驻扎在中国，源起于 1900 年八国联军入侵中国。由于清政府被迫与美、日、俄、英、法等国签订了《辛丑条约》，上述国家取得了在中国的驻兵权。

1927 年 5 月，史迪威受美国驻华公使馆派遣，到徐州、南京、上海等地考察军情。他看到中国的局势是，1924 年国共合作，共同北伐，推翻军阀统治。史迪威密切注视中国的新生力量，他奉命南下徐州、南京、上海观察北伐军，并把考察的结果写成报告。他认为，军阀的腐朽统治将被推翻，这反映了中国人民的意愿。此时，他已经成为美国陆军中公认的中国问题专家，而后他写的报告受到嘉奖。1929 年，史迪威完成使命回国。

1935 年 7 月，已晋升上校的史迪威第四次来华，此次他是以美国驻华使馆武官的身份重抵中国的。这个时候，日本已经侵占了整个东北，并虎视眈眈华北。蒋介石的"不抵抗政策"引起了史迪威的愤慨，史迪威为了弄清楚蒋介石不抵抗的原因，再度遍访中国内地。1936 年先后考察了广州、桂林、梧州、南宁、汉口、徐州、开封、洛阳等地。

12 月，西安事变爆发，史迪威赶到洛阳探听消息。卢沟桥事变爆发时，史迪威又亲自赶到宛平地区调查。史迪威热切关注中国的抗战事业，一方面是奉美国政府之命，另一方面也是长期以来对中国的好感驱使着他。1937 年 7 月中国抗日战争全面爆发，组织了一个情报组，及时向美国报告战争进展情况；年底迁至汉口，翌年曾在兰州、台儿庄、长沙、重庆等地考察战况；到 1939 年夏回到美国，史迪威目睹到日军的暴行，表示十分愤慨。他对日本军事、中国官员和中国领导人形成成熟看法，并巩固了他对中国士兵的高度评价。

史迪威把从中国得到的信息，迅速汇集成情报，报告给国内，并呼吁美国政府和人民加快援助中国人民抗日的步伐。他的建议在美国国内引起了足够的重视。可惜的是，1939 年 5 月史迪威再度被召回国内，专心训练部队，直至太平洋战争爆发。

◎ 史迪威将军的第五次来华

1941 年 12 月 7 日，日本偷袭了美国太平洋海军基地珍珠港后，立即向东南亚地区进攻，马来西亚、菲律宾、新加坡、缅甸很快落入日军手中。美国和英国在东南亚的利益受到严重损害。此时的美、英等国无暇顾及日本在东南亚的侵略，因为两国政府已经确定了"先欧后亚"战略。所以，美、英等国在很大程度上依靠中国在亚洲拖住日本。中国是世界反法西斯锁链中不可或缺的重要一环。1942 年 12 月底，根据中、美、英等国的磋商，决定成立盟军中国战区（包括中国本土、越南、泰国等）。罗斯福推荐蒋介石任中国战区最高统帅，蒋介石十分高兴，同时请罗斯福推荐一名美军高级将领担任中国战区的参谋长。

正在专心训练部队的史迪威被任命为中国战区的参谋长，他的任务是监督美国援华物资的分配和使用，指挥在华美军及蒋介石拨出来的中国军队，控制在中国境内的滇缅公路。1942 年 3 月 6 日，史迪威带着三十五名军官和五名士兵组成的班

子，从美国风尘仆仆来到中国，到达中国战时首都重庆，与国
民政府主席蒋介石开会商讨战争的有关情况。3月10日，史迪
威到了缅甸战场查看形势，18日回到重庆，之后又去前线。史
迪威有两个司令部，一个在德里，一个在重庆，两地距离2100
英里，他在两地来回飞行，经常飞行的路线是重庆到昆明，经
常要飞跃驼峰，去视察雷多公路和缅北前线。1942年至1944年
间，"驼峰"上空经常有日本飞机巡逻。从驼峰基地到德里距离
还有1100英里，从德里又经常去蓝伽训练中心，距离500英里，
或者再飞700英里视察供应港。这是他第五次，也是最后一次
来华。

▲1942年4月19日，史迪威与蒋介石在缅甸会晤。
两人在当时其实已经处于貌合神离的情况，但蒋
介石出于照顾盟国关系的考虑，并没有对史迪威
的错误指挥进行坚决抵制。

◎ 第一期滇缅路作战失利

史迪威上任时，正是东南亚盟军危急，仰光即将失陷，缅

甸战场连吃败仗之际。当时，日军在占领香港后，立即进攻驻扎在缅甸的英军。英国军队在日军的猛烈进攻下，节节败退。美国担心日本控制缅甸后切断滇缅公路，断绝中国与其他盟国的唯一一条交通运输线。英、美急切要求中国军队入缅，开辟缅甸战场。史迪威刚到重庆就职，立即被蒋介石派往缅甸战场指挥中国军队作战。史迪威临危不惧，毅然挑起重任，走马上任。

史迪威赶到缅甸战场，马不停蹄，立即会见了中国军队的各部将领，了解了中、英军队部署和日军的现状。经过详细分析，他制订了一整套作战计划。史迪威非常乐观，但实际情况令他很悲伤。第一期滇缅路作战，由于受气候、地形等复杂条件的限制，尤其是盟军内部协调不够，结果败走麦城。

▲第一次入缅作战失败后，中国远征军新 38 师也历尽千辛万苦进入印度，来到了英国人的地盘。图为史迪威向撤退到印度的中国军队讲话。

史迪威在第一期作战计划失败之际，只好撤退。作为最高指挥将领，史迪威拒绝乘坐去接他的专机离开战场，而是带着 26 个美国人、13 个英国人、16 个中国人、一群来自锡加里夫陆军医院的缅甸女护士、一些平民和一些印度的伙夫、机械士等114人，途经两国，在丛林、山区跋涉，历尽千辛万苦，终于安全抵达印度。他说："我们从缅甸逃出来，是个奇耻大辱。我认为我们应该找出原因，然后打回去，收复缅甸！"

史迪威知耻而后勇的可贵精神，感动了广大将士。史迪威认真总结了失败的教训，他认为，战役失败的原因主要是英军不向缅甸战场增兵，只是象征性地抵抗一下，然后撤走；另一个原因是国民党蒋介石对他不信任，遥控中国军队，同时中国军队的装备和火力太差。但是史迪威对中国军队英勇作战的精神十分赞赏。当他看到戴安澜将军的第200师士气旺盛，计划周密、防御工事坚固时，连声夸奖戴师长是"好师长"，并说："中国军队是很好的军队"，"我要带你们去收复仰光，还要同你们一起进入东京，那将是我一生中最幸福的时刻。我要用事实向世人证明：中国军队不但不亚于任何盟国军队，而且会胜过他们，那时我就死而无怨了。"他的这番话鼓舞了中国将士，坚定了将士们胜利的信心。

◎ 印度兰姆加训练

史迪威到达印度后，立即着手重整军备，为打回缅甸做好充分的准备。在征得蒋介石同意后，史迪威挑选了身强力壮的士兵，在印度兰姆加建立了训练营地，大规模地训练中国士兵，并且用美国援华武器装备各部。经过一年半的时间，到1943年10月，共训练了十六个师。接受训练后的中国军队面貌为之一新，战斗力大大加强。

与此同时，我方成立了以史迪威为总指挥的中国驻印军总指挥部，开始第二期作战。

◎ 第二期作战

战役一开始，经过整训后的中国军队势如破竹，一路斩关夺隘。经过一年多顽强的连续作战，中国军队取得了胡康河谷、孟拱河谷战斗以及密支那、八莫等战役的重大胜利。值得一提的是，在攻克缅甸重镇密支那时，守城日军司令水源茂少将被逼自杀。史迪威称赞中国军队士气高涨，充满必胜的信心。中国军队这一仗打得很英勇，他们前赴后继。这是中国军队历史上第一次向现代化的第一等敌人进攻而得到的胜利。

▲在缅甸亲赴第一线的赴缅远征军最高指挥官史迪威（左二）

第二期作战取得了重大胜利：中美联军共收复缅北大小城市50多个，进军2400多公里，歼灭日本陆军精锐师团31000多人；中印公路打通，保证了美国援华物资畅通无阻，源源不断地运往中国战场，从而解决了中国军队战略物资严重匮乏的问题。

史迪威战功赫赫，功不可没。他也因此荣升上将，佩带上第四颗金星。

◎ "史迪威事件"

史迪威远涉重洋，临危受命，战功赫赫，竟然于 1944 年 10 月被蒋介石逼迫含恨离开中国。这在当时轰动世界，引起轩然大波，被称为"史迪威事件"。

史迪威和蒋介石究竟为什么出现将帅不和的现象呢？

史迪威作为美国的一名高级将领，在维护美国利益和抗击日本侵略的同时，他深刻地认识到，在中国仅仅依靠消极抗战、积极反共、囤积援华物资、保存实力、准备内战的蒋介石，是赢不了抗日战争的。他对国民党的评价是：腐败、疏忽、经济混乱、征税、囤积、黑市、与敌人贸易，而共产党的计划是减税、减租、减利息、增加生产、提高生活水准、参加政治、实现他们所作的诺言。他对中国共产党领导的八路军和新四军非常关注，通过多方了解，八路军和新四军在敌后战场开展的游击战非常有效。因此，他认为可以把美国援华物资分配一些给共产党的军队，让他们更有效地抗击日军，从而为打败日本军国主义作贡献。

为了更好地了解延安和中国共产党领导的军队，史迪威逼迫蒋介石同意他组织一个美军观察组赴延安考察。

史迪威为观察组制订了周密的计划，并专门挑选了懂汉语并熟悉中国情况的包瑞德上校为负责人，在中国出生的谢伟思作为他的政治助手。1944 年 7 月 22 日，由九人组成的美军观察组第一批人员乘坐一架美国陆军的 C-47 运输机降落在延安简易机场。

为了表示友好，美军观察组成员特意穿上了八路军军服照

▲1944 年，毛泽东（右）、朱德（左）和包瑞德上
校（中）在延安机场。

了相。美军观察组在延安等地进行了详细的考察，把考察报告寄给史迪威，并且提出了一份支援共产党的详细计划。史迪威把观察组的详细计划汇总报告给美国政府。史迪威的做法引起了蒋介石的恼怒，但蒋介石此时也只有忍气吞声，因为史迪威来华时的六个头衔中有五个是蒋介石无权干涉的，这五个头衔是：美军驻华军事代表、在缅甸中英美军队司令官、对华租借物资管理统治人、滇缅公路监督和在华美国空军指挥官，其中第四个头衔令蒋介石头痛。本来，蒋介石打算通过美国的高级官员获得更多的美援，装备军队，以便战后对付共产党。史迪威清楚地看到这一点，在援华物资分配上，要求政府允许他把物资分给共产党的军队，这一要求得到美国政府的支持。蒋介石把史迪威看成眼中钉、肉中刺，欲拔之而后快。他在寻找着机会。

　　1944 年夏，日军发动"一号作战"行动，国民党军队一败涂地，中国战场形势危急。史迪威对蒋介石拿着美国的钱不做事的举动，极为不满。他建议美国政府向蒋介石提出授予他全权指挥包括中共军队在内的中国军队。蒋介石自视是中国战区的统帅，冒着与美国政府摊牌的危险，想方设法要求美国政府撤回史迪威。

1944 年夏，美国副总统华莱士和总统私人代表赫尔利相继访华，蒋介石来了个恶人先告状，说史迪威与之"不合作"。美国政府从自身利益出发，不愿得罪处于中国战区领袖地位的蒋介石，于是答应蒋介石尽快调回史迪威。史迪威说，我对中国士兵和普通民众有信心。他们是伟大的，民主的，无可限量的。我们彼此之间在阶级和宗教上都没有隔阂。他们诚实、节俭、勤奋、欢乐、独立、友好、有礼。

1944 年 10 月，史迪威接到美国参谋部的通知，要他在 48 小时内离开重庆。他知道自己被蒋介石出卖，但只好委屈遵命。他在离开中国前，给延安的八路军总司令朱德写了一封信，对不能与之合作抗日表示遗憾。史迪威不胜依依，带着一缕悲伤和怨恨登上飞机，离开了艰苦抗日的中国。

史迪威在中国的遭遇，起初美国人并不知道，后来因为一名在重庆的美国记者详细报道了史迪威被召回的内情，才在美国成为爆炸性新闻。

史迪威并不因此气馁，回国后继续指挥军队与日军作战。他有幸参加了日本在美国军舰"密苏里"号向盟国递交投降书的仪式，目睹了日本军国主义的失败。

宣传中国抗战事业的卡尔逊

埃文斯·福代斯·卡尔逊（Evaws Fordyce Carlson，1896—1947），1896 年 2 月出生于美国纽约州的西德尼，毕业于美国著名的西点军校。第一次世界大战时应招赴法国战场作战，因作战勇敢，获得法国政府颁发的军功章。

◎ 担任驻中国的情报官员

1927 年 2 月，卡尔逊第一次来到中国，次年 6 月担任驻上海的海军陆战队第四团情报官员之后，应约为在上海的《密勒氏评论报》撰写有关中国及远东局势的评论。卡尔逊在此结识了也为此报工作的著名记者埃德加·斯诺。

1933 年，卡尔逊第二次来华，在北平美国公使馆卫队从事情报工作，在这里，他学习了两年中文。1935 年春，卡尔逊奉调回美国，担任罗斯福总统的卫队副指挥。

1937 年春，他以中校军衔第三次来中国，在美国驻华使馆担任海军部观察员。行前他与罗斯福约定，将以密信的形式把中国正在发生的事件，直接通报给总统本人，成为专门收集有关中国冲突资料的情报官。

◎ 观察淞沪会战

1937 年，卡尔逊第三次来到中国时，正值全面抗日战争刚爆发不久。8 月 13 日，日军以租界和黄浦江中的军舰为作战基地，炮击闸北一带。日本动用 100 多架飞机向上海大举进攻，对南京路、外滩、杨树浦、南市等地进行狂轰滥炸，上海处处浓烟滚滚，市民死伤无数。卡尔逊决定，"作为美国海军的官方观察员，在中国内地跟随中国军队徒步旅行，亲眼看看中国是怎样保卫其独立地位的"。但是他的申请并没有得到国民党官方的同意。无奈之下，卡尔逊只能在公共租界的屋顶上观察战争，后来他多方寻求帮助，在一些朋友的帮助下，终于得到了去往前线的通行证，他迫不及待地穿过公共租界住宅区，进入硝烟弥漫的战区。

一天，卡尔逊在战壕里考察时，碰上了一名毕业于美国一所大学的中国士兵。他问："军队里有很多像你这样的人吗？""是有很多。我们的人民正逐步觉醒，如果要国家生存，所有的人都应该把个人的抱负放在次要地位，为共同的利益而工作。"大学生回答他。中国人民的民族意识如此强烈，让卡尔逊不敢相信。接下来，他冒着炮火采访了一位给前线送饭的中国苦力，问："你们为什么要打仗？你的同胞为什么而死？"这位满头大汗的苦力毫不犹豫地答道："救国。""那什么是救国呢？"卡尔逊故意问他。"敌人想霸占我们的家园，如果我们一齐努力，就能打败他们。"这些简单质朴的对话让卡尔逊感受到，空前的民族危难已经唤起了中国人民前所未有的民族觉醒。战争爆发后，上海人民以各种方式积极参加抗战，支援前线，各界群众都组织了救亡协会，发动组织战地服务队、运输队、救护慰劳队奔赴前线，配合军队作战。当晚，卡尔逊在给家人的信中写道："中国民众坚韧了不起，他们有着巨大的精神源泉，这样的民众是打不败的。"

▲卡尔逊第一次赴华北敌后时留影

◎ 观察华北敌后游击区

1937 年 9 月的一天，刚刚私访过延安的埃德加·斯诺来到上海，卡尔逊与他见了面。通过交谈，卡尔逊了解到中国共产党领导的八路军在北方取得了平型关战役的胜利。作为官方观察员，卡尔逊对发动群众开展游击战争的共产党军队产生了极大的兴趣，决定对共产党及其领导的军队进行实地考察。上司很快就批准了他去内地考察的请求。

1937 年 11 月下旬，卡尔逊从南京出发，途经武汉、郑州、西安、潼关、临汾，于同年 12 月中旬抵达山西南部。在洪洞县高公村八路军总部，朱德总司令接待了他。初次见面，卡尔逊表达了自己想跟八路军一起生活、一起行军、一起经受战斗的愿望,想研究八路军的游击战术,还想了解八路军教育战士、指导战士的方法。朱德为此要八路军总部专门为卡尔逊召集了参谋会议,并安排他会见任弼时、左权、彭德怀、林彪等八路军指挥员。

在八路军总部,卡尔逊和朱德谈到了美日战争的不可避免性,讨论了罗斯福总统"孤立侵略者"的演说、西欧的局势等。朱德崇高的品格使他产生了信任之感。

卡尔逊还与八路军下级军官、班长和普通士兵接触。在这儿,他还结识了同胞史沫特莱。

1938 年 1 月 29 日,在八路军晋察冀军区和边区政府所在地阜平,卡尔逊单独访问了聂荣臻,并一连问了好几个问题,如敌后游击战争怎么开展,枪支和弹药怎样补充,怎样对付日军的扫荡,八路军能不能在敌后坚持,根据地怎样建设,等等。聂荣臻一一详细作答,周立波译给卡尔逊,卡尔逊不住地点头,访问一直持续到深夜。结束访问的时候,卡尔逊感慨地说:"你们八路军这套搞法实在有味道,很有战争艺术。一面打仗,一面着眼于政治、文化、经济建设,这是我从来没见到过,也从来没听说过的。"

卡尔逊访问了山西前线的八路军部队,并跟随八路军、游击队在山西和河北作了 1000 英里的跋涉,结束了他的第一次在华北八路军前线的"观察"。

接着,卡尔逊前往临汾。访问了阎锡山后,他渡黄河经西安,于 3 月初回到战时首都武汉。在武汉,他访问了蒋介石夫妇,并用一小时的时间,叙述了这次北方之行的经历。他赞扬五台山地区抗日军民的抵抗意志是最顽强的。他还先后会见了周恩来及国民党高级将领孔祥熙、冯玉祥、何应钦等。3 月下旬,卡尔逊又去徐州和台儿庄前线访问,会见了程潜、李宗仁、孙连仲。然后，他写道："我已看到过阵地战前线的军事行动，也看到了游击战的前线，后者似乎更适合于中国的目标。"

1938 年 4 月，卡尔逊又经郑州去西安，拜访了省长蒋鼎文将军，表示将去考察敌后的整个游击区。蒋鼎文劝告说："这样的旅行将是非常危险的。你为什么要去冒险呢？"卡尔逊回答道："国际上很少有人知道被占领区域人民在多大程度上保持着中国的权利，日本人宣称他们在实施最高的统治，从我看到的实情，他们的声明是站不住脚的。我看到中国人民深深地热爱自由和平等，我相信他们愿意为此而牺牲自己的享受、家庭和生命。因此，我愿意考察中国抵抗侵略的种种努力，甚至在最偏僻的地方。我将向全世界报道我看到的一切。"[1] 这段话使蒋鼎文将军深受感动，他为卡尔逊提供了很大的帮助。

卡尔逊还在八路军西安办事处会见了林伯渠，并在林伯渠的安排下于 4 月末到达延安。

▲1938 年 5 月，卡尔逊访问延安期间，与毛泽东进行了两次长谈，这是他们在延安的合影。

---

[1] 郑生寿主编：《国际友人在延安》，陕西旅游出版社 1992 年版，第 78—79 页。

◎ 访问延安

这是卡尔逊以美国驻华使馆"参赞"的身份，专程访问延安。在近二十天里，他拜访了毛泽东、张闻天、萧劲光等领导人，观看了延安军民的军事训练，访问了一些机关、学校和群众团体。期间，毛泽东同他进行了两次长谈。

5月5日晚，毛泽东在杨家岭的窑洞里会见卡尔逊，谈话持续到次日凌晨。毛泽东热情欢迎他说："听说你跟我们的部队一起在华北活动了，我很高兴在这里欢迎你。"接着，毛泽东与卡尔逊进行了坦诚的彻夜长谈。谈话内容包括抗日战争、欧洲和美国的政治形势、各个时代的政治思想的发展、宗教对社会的影响等。关于抗日战争，毛泽东说："只要人民有志气忍受困难，有决心继续抵抗，中国就不会垮台。日本攻占一个地方，我们就转向另一个地方；他们追击，我们就后退（毛泽东讲这些内容时，摆动着桌子上的两个茶杯，说明敌我双方的攻防进退）。日本兵力不足，无法占领全部中国。只要人民决心继续抵抗，它就无法用政治手段控制中国。"毛泽东又说："现在有几种围困：日本在五台山包围我们，围困我们。但我们用另一种围困他们，比如日本在太原驻守，太原的东北是聂荣臻的部队，西北是贺龙的部队，林彪的部队在西南，朱德的部队在东南。日军在山西一出动，就撞上我们的巡逻队。还另一种围困是美国、苏联同中国一道围困日本，这将是一种国际围困。"谈话后毛泽东赠给他一些非常有纪念意义的礼品：八路军不久前在战斗中缴获的一件日本军官的皮大衣、一个日记本和一些日军文件。

在延安逗留期间，卡尔逊还参观访问了抗大、陕北公学、鲁迅艺术学院等院校，拍摄了大量照片。

他先后会见了一些领导人和其他人士，并抓住其特点作了评价：党中央总书记洛甫（张闻天）是一个"只谈话，而不准（为他）拍照的人"；后方留守兵团主任萧劲光是一个"热情喧闹的大个子"；军事顾问德国人李德是一个"粗鲁地指责我是间谍的人"；而美国人马海德大夫则是一个"永远乐观的人"。这些概括大体是准确的。

◎ 考察八路军根据地

经过毛泽东的悉心安排，卡尔逊在八路军小分队的护送下，于 1938 年 5 月 15 日离开延安，前往晋察冀、晋冀鲁豫根据地考察。同行的有以作家刘白羽为组长的"抗战文艺工作团"，其团员有戏剧家欧阳山尊，摄影家汪洋，记者金肇野、林山等人。这个文艺工作团属于陕甘宁边区文化协会和八路军总政治部双重领导。此前这几位文艺家曾致信毛泽东，要求去前方工作。那时，大部分人都愿意上前线，在炮火中经受锻炼，建立功业，但一直没有适当机会。此时，毛泽东接见刘白羽等，对他们说："你们不是要求到前方去吗？现在有一个机会，随美国参赞卡尔逊一同到前方。"他"观察"我军抗战，你们搞战地采访。毛泽东问了他们掌握外语的情况，而后决定欧阳山尊兼任卡尔逊的翻译。

卡尔逊等经绥远、晋西北、晋东北，晋察冀的冀中、冀南，鲁西北、豫西北，历时 85 天，穿越同蒲、平汉、陇海三条铁路线，行程 7000 多里。在这次考察中，卡尔逊在晋西北先后访问了贺龙、萧克，在晋察冀访问了聂荣臻、彭真和白求恩。在晋冀鲁豫区的南宫县会见了邓小平、徐向前、宋任穷。

会见后，卡尔逊与邓小平进行了长谈。邓小平指出，美国是偏袒日本的，去年他们将购进武器的一半，转售给日本。这使卡尔逊的自尊心受到了伤害，便追问消息的来源。当邓小平告知是来自战争第一年美国的电讯时，他惊叹邓小平如此熟悉国际情况。他采访了毛泽东、朱德、任弼时、聂荣臻，徐海东、贺龙等中共领导人和八路军将领，并先后考察了晋绥、晋西北、晋中、冀中等敌后根据地，他将自己在中国的经历写成了《中国的双星》一书，在书中卡尔逊预言"中国共产党必将在中国取得胜利"。

▲1938 年 6 月中旬，贺龙等八路军 120 师领导人在晋西北岚县接见卡尔逊及部队文艺工作组成员。后排右起第一人为卡尔逊，第三人为贺龙（选自《中国之友卡尔逊》）。

卡尔逊向罗斯福总统专门报告了这次延安之行。在报告中，他把延安称作是"中国自由之源泉"，从延安的八路军身上，他"看到中国人民也同样地热爱平等自由，看到了那种激励我们祖先的同样精神"。他也把考察到的日军情况报告给罗斯福："日军的攻击力差，运输系统不协调，空军和地面部队配合不好，武器质量低劣，依赖重型武器，指挥官缺乏想象力和主动性。"随后，卡尔逊把毛泽东送给他的东西都寄给了罗斯福总统。

◎ 与范筑先成为好朋友

就是在访问延安的过程中，毛泽东建议他到敌后各个游击区去转转。特别提到鲁西北地区，说那里有个国民政府的范专员，搞得不错。7月下旬卡尔逊他们到达鲁西北。

统辖山东聊城的山东省第六区游击司令范筑先，当时被日军称作"华北独一人"。他凭借着初期500人的保安营，与共产党密切合作，创立了中国第一个平原游击区，仅半年就发展到2万人，不断打击日军。开始范筑先并不愿意接待一个从帝国主义国家来的"洋观察员"，他最痛恨帝国主义列强对中国的侵略行径和买办的媚外行为。但经过中共鲁西特委特派员细致的工作，听了关于抗日统一战线和世界反法西斯战争意义的解释后，他欣然同意接待，并且组织了盛大的欢迎仪式。

7月25日这天，聊城北边十多里公路上，布置了许多警戒哨，范筑先率领全体军政官员到北关大堤外迎接。卡尔逊从临清出发，一下车便受到热烈欢迎，口号声震耳欲聋，彩纸鲜花满天飞舞。卡尔逊欣喜异常，一个劲地向群众挥手致意。当范筑先来到他跟前时，他激动得握着范筑先的手久久不放。当天下午，卡尔逊与范筑先单独进行了友好交谈，范筑先介绍了鲁西北抗日经过和部队状况。范筑先着重强调："我们的方法是开展游击战争，动员民众，良心抗战。"卡尔逊听得十分专注认真。7月27日，范筑先还特意举行了欢迎卡尔逊的仪式。范筑先和卡尔逊都讲了话。卡尔逊说："在国外，日本出版的中国地图，凡被他们侵占的地方一片漆黑，但我这次穿行华北敌后的陕、晋、绥、冀、鲁五省，考察的结果恰恰与他们宣传的相反。我看到的是，到处插满了抗日的红旗，到处是反抗侵略的武装群众和抗日部队；我一路看来，山东敌后根据地毫不逊色于其他地方，红了半边天！中国人民是伟大的，中国人民是坚强的，中国人民的敌后游击战争，是世界反法西斯战场的重要组成部分。我回国后一定要把中国的抗日实况介绍给全世界。"

1939 年和 1940 年，卡尔逊真的出版了两部书：《中国的游击战争》和《中国的双星》。在《中国的双星》中，卡尔逊专章描述了他的聊城之行和会晤范筑先将军的情况，使世界上爱好和平的人民知道了中国有块抗日的土地——鲁西北抗日根据地。

◎ 宣传中国抗战事业

卡尔逊回到武汉后，受到 40 位外国记者的采访，他将刚刚观察到的抗战情况告诉大家，他不放过任何一次演讲的机会，对任何问题都乐意坦率地予以回答，他还允许记者们披露他的名字。但卡尔逊的言谈被认为是超出了作为外交官所能许可的，为此他不惜辞职，坚持不懈地就他在中国战场的经历，发表演说，撰写文章，为中国人民的抗战事业四处奔走呼号。他甚至于 1940 年夏至 1941 年初自费第四次来华考察中国的工业合作运动，先后撰写并发表了《非正统的战争在继续》《欧洲盟约与中国的前途》《美国面临东方危机》《中国的经济民主》等多篇文章，大力宣扬中国抗战，特别是中共及其领导下的敌后人民游击战争。

◎ 参加对日作战

太平洋战争爆发后，卡尔逊把中国共产党的游击战术应用于对日军的战斗中并取得巨大成功。1942 年春，卡尔逊在总统罗斯福支持下组建了 1000 人的海军陆战队第二突击营，担任该营中校指挥官，罗斯福之子詹姆斯·罗斯福任该营少校参谋主任。该营是一支美国在敌后机动作战的突击部队，又叫"卡尔逊飞行突击队"或"工合营"。

卡尔逊一开始就特别注意该营"以北方朱德的游击队为模式，接受游击战术训练"。1942 年 8 月，卡尔逊亲率一支有220 人的小分队，奇袭日军在吉尔伯特群岛的总部所在地马金岛，以牺牲 30 人的代价，全歼守敌 350 人，击沉敌炮舰、运输舰各一艘，摧毁敌飞机两架，烧掉敌航空汽油 1000 桶，令美国人民为之振奋。

▲卡尔逊突击队在热带雨林中

　　同年 11 月，在成为美军从防御到反攻转折点的瓜达尔长纳尔岛战役中，卡尔逊又亲率第二突击营在岛上开展了丛林游击战，伏敌 30 次，以死、伤 17 人的代价，共歼敌 800 人，被称为美国海军陆战队历史上最重要的一次巡逻作战。卡尔逊因功被授予海军十字勋章，成为美国反法西斯战争的英雄。1944 年，卡尔逊在塞班岛战役中负伤。1947 年 5 月 27 日，因心脏病突发溘然辞世。

为根据地架起空中桥梁的林迈可

林迈可（Michael Lindsay，1909—1994），原名迈克尔·弗朗西斯·莫里斯，又名林赛，英国人。起先在牛津大学学自然科学，后又学经济学、哲学及政治学。毕业后，他从事成人教育，担任南威尔士州工业调查所的所长助理。牛津大学毕业后的第二年，即1937年，林迈可被燕京大学聘为经济学导师，并领导创办牛津大学式的导师制。1937年12月2日，年仅28岁的林迈可绕道美国，从温哥华乘船来到中国。与他同船来中国的还有著名的国际主义战士——白求恩。

◎ 参加中国地下抗日工作

燕京大学，是当时中国在敌占区的唯一一所自由自在的大学。燕大的校长司徒雷登很机智地与日本人斡旋，司徒雷登校长在重要的问题上立场坚定，在原则问题上决不妥协，这一点深深地影响着林迈可。

1938年初，美联社驻北平记者霍尔多·汉森报道说，在冀中有一个有趣的组织在发展。林迈可十分好奇，经与燕京大学的几位年轻教师商议，决定利用复活节假期去充分了解一下这个组织。

1938 年 4 月到 7 月，1939 年夏天，林迈可和他的同事组成燕京大学英美学者考察团，两次到抗日根据地访问，来到了冀中任丘吕正操将军的司令部，他们受到了根据地军民的热情欢迎和接待。他们看到共产党和八路军在根据地实行了十分合理的战时政治、经济政策，受到各阶层人民的拥护，被日军严重破坏的经济和社会秩序正在有效地恢复，人民充满了斗争的信心。然后，他们被护送越过平汉铁路，进入设在山西省五台山区的聂荣臻将军的晋察冀军区司令部和宋劭文主任委员的边区政府。在根据地，林迈可看到，群众在进行抗日集会，新招募的军队在操练，兵工厂的工人在紧张的工作，男女平等参政议政，以及根据地人民在开展新颖的文化活动——在露天舞台上演出抗战话剧。同时他们还有幸获准参加了一次游击队破袭平汉铁路的战斗。所有这一切，都令林迈可惊讶，也都深深打动了他，使他看到了一个不屈的民族的崛起和抗争。他感到："任何有血性、有思想的人，都有义务去反对日本军队。"

1938 年夏，在五台山他喜出望外地遇见了他的同船旅伴白求恩，并参观了八路军根据地医院。他看到白求恩在极其艰苦的环境下，忘我地工作。他倾听着白求恩讲述八路军反"清乡"斗争中，用"小米加步枪"打败日本侵略军"飞机加大炮"的感人事迹。林迈可赞叹不已，进一步坚定了为中国抗战服务的决心。

在山西武乡县砖壁村的八路军总部，林迈可见到了朱德总司令，并为总部通讯科检修了电台的通讯设备。

访问了晋察冀边区，林迈可深感边区抗战物资的匮乏，也为边区军民艰苦奋斗、自力更生坚持抗战的精神所感动。

回到北平，他通过晋察冀边区设在北平西山的地下交通线，为根据地购买和运送紧缺药品、无线电通讯器材和书籍，还帮助进步青年和学生投奔解放区，营救和掩护地下工作者，为边区作出了重要贡献。

在日本统治下的北平，外国人在城门口不会被搜身，所以他经常购买日本人严格控制的医药物品，想办法送到抗日根据地。林迈可到燕大后，选收了八名学生，其中唯一的女生是山西姑娘李效黎。有一次他拿一沓进口化学药品的订单，请李效黎译成中文，订单数量极大，让毫不知情的李效黎颇感奇怪。为了准确记录所买药品的详细名称和功能，他让她重新整理药签。在日本占领军的严密监视下，林迈可不得不特别地小心，还要考虑卖给他东西的药房及商店的安全。因为，如果日本人一旦知道，这些商店曾卖东西给抗日游击队，他们就会狠狠地惩罚这些商店。所以，林迈可把东西买回来后，就把商品原来的商标撕掉，这样，万一不幸这些东西被日本人发现，或从中国地下工作者的交通网里查获到，也不会知道这些东西的来源。

他还应八路军地下联系人的要求，购买无线电台零件。有时，他还主动增加某些他认为有用的项目。有一次，在东安市场的一家书店里，他偶然地看见了一大本有关炸药制造的教科书，就买下了，和别的器材一齐送出城去。晋察冀的炸药制造有了改进，爆炸的效力更强了，其中就有这本书的功劳。

1939 年，林迈可在重庆英国大使馆做了六个月的新闻参赞。他曾多次在国际新闻发布会上，宣传朱德总司令领导的八路军以及在华北抗日前线浴血奋战的辉煌战绩。

1940 年 9 月，林迈可受燕京大学校长司徒雷登邀请，再次返回燕京大学任教，1941 年 6 月，32 岁的林迈可与刚从燕京大学毕业的山西姑娘李效黎结为伉俪。

1941 年，抗日地下组织的秘密工作步伐加快了。许多次林迈可都是借用司徒雷登的汽车给游击区运送抗日军需物资。每次出发前，他们自己也做了准备，以防万不得已时，可以和接送物资的游击队员一起逃入山中。他和妻子买了两只帆布背包和可以吹气的橡皮床垫以及一些冬装、药品，李效黎还在一只木箱中装了 10 磅糖、一个 5 磅重的奶粉罐头、可可粉、一些厚袜子，每次送物资时都带着这些东西，平安回来后再储藏起来。

燕京大学机器房的工人肖再田曾和林迈可一同访问晋察冀边区，回北平后，从事抗日地下工作，后来被日军宪兵队逮捕，并严刑拷打。林迈可和其他同情抗日的朋友们想尽办法营救他。当得知宪兵队司令官想要买一辆摩托车，正在索要足够的贿赂时，林迈可捐赠了自己的积蓄，和朋友们一起凑足了钱，才将肖再田"赎"了出来。

一次，城内秘密联系人告诉林迈可，需要他帮助一个人进入北平城。联系人说，他们已经办妥了这个人在城内的居住证，眼前的关键是要设法让他通过城门。平时日本人还从来没有拦过林迈可的摩托车。于是，林迈可让这个人打扮成燕京大学学生的模样，坐在他的摩托车上，将他带进城去。当他们通过城门时，日本兵用怀疑的目光盯着他们。林迈可加速冲了过去。后来林迈可才知道，他护送的是晋察冀边区的敌占区情报部门负责人王友（后改名钟子云）。

1941 年 12 月 7 日，日本偷袭珍珠港，揭开了太平洋战争的序幕。林迈可带着妻子和班威廉夫妇驾驶校长的汽车，逃出北平。经地下工作者和游击队的护送，到达晋察冀平西根据地。

▲1941 年，国际友人燕京大学英籍教授林迈可在晋察冀边区工作。

◎ 名符其实的根据地通讯技术顾问

在平西，林迈可夫妇受到根据地军民的热烈欢迎。很快，他们与萧克将军夫妇成了好朋友。林迈可被安排在通讯部的电台工作。他从北平带来的一只万用表和一支计算尺，成了这个根据地仅有的宝贝工具。

1942 年春天，林迈可夫妇到了聂荣臻将军的司令部驻地，受聂荣臻将军的邀请，林迈可在这里的通讯部任技术顾问。他给部队技术人员讲授无线电工程课，由于没有教材，很多课程内容不得不从最基本的电学第一定律开始。

为了与冀热辽地区的低功率电台联系，需要一台灵敏度和选择性比较好的收报机，林迈可决定自己装一台超外差式接收机。在计算电路时，需要求解三个联立的三次幂方程。根据地所有数学人才全都投入了这项工作。后来，他们搞到了一本《无线电工程》，发现尽管由于不能使用计算尺而使计算工作很费力，在一些数值间含有误差，但他们的公式是正确的。

他还对一些旧收发报机进行了拆卸及重新改装，经过改装的收发报机虽然没有两台完全一样的，但却具有比原机强得多的频率稳定性。所用的零件，都是从缴获来的日本机器上拆下来的，或是从那些沦陷城市北平、保定、石家庄等地走私的商人们手中买来的。

林迈可的妻子李效黎也在通讯部工作，任英语课教员。他们发现，用中文发报会有许多的麻烦，一个数码错了，就会译成完全不同的另一个字，英语是以字母形式构成的语言，拼错一个字并不会影响理解原意。于是，他们共同帮助部队用简单的英语来传递信息。

从 1942 年到 1944 年，林迈可一直在晋察冀各军区间从事电台设备的整修改进和教学工作。晋察冀的很多学生后来成为新中国电讯界的高级干部、技术专家和骨干。

▲林迈可在讲授无线电技术

◎ 为延安的无线电和新闻事业尽力

1944 年 5 月，林迈可一家到达延安。第二天，朱德总司令由黄华陪同看望林迈可。黄华曾是燕京大学一二九学生抗日运动的组织者之一。不久，毛泽东主席在杨家岭接见了他们，并设晚宴招待了他们。毛主席对他们来延安的长途跋涉表示慰问，并特别问到了林迈可孩子的健康。

林迈可一到延安就急于工作。朱德、叶剑英和他详细地讨论了他的工作问题。不久，他被任命为第十八集团军通讯部的无线电通讯顾问。

早在 1943 年春，林迈可曾试着通过无线电与英国驻华机构联系，打破日伪军和国民党的情报封锁，让世界知道八路军是一支抗日爱国武装，以赢得广泛的同情和支持，这一设想因设备不足等诸多原因没有实现。在延安通讯部，林迈可根据仅有的材料，计算了发电机的功率，检查了可用的发报机真空管，发现这里的材料和零件，完全可以建立一台发射功率大约 600 瓦的发报机。只要把发报机真空管和一根灵敏度高的定向天线安装合理，就可以和国外联系了。当时，中共中央正苦于国民政府阻止延安与外界的联系，不能把敌后的真实的抗战情况传播出去。所以，当林迈可一提出建立高性能的电台的设想，立刻得到了朱德总司令的批准。

延安的领导同意后，发报机的制造很顺利，在林迈可和中方技术人员的努力下，天线也顺利地校准了方位。当他们开始发射无线电信号时，美国的旧金山接收到了信息。

发报机一投入使用，林迈可便被分配到新华社英语部做顾问。他的任务是每天早上看延安的报纸，并决定哪些内容应译成英文。有时他还要请教当时任新华社社长的博古。译稿通常在下午 4 时以前完成，由通讯兵送到通讯部，发往国外的通讯社。在处理英文译稿时，林迈可要做许多编辑工作，为了适应西方人的阅读习惯，使文章更具感染力，加强宣传效果，他提出了许多有益的建议。他发现新华社的有些同志，不太懂得如何选择合适的新闻材料播送到国外去，就向上级领导提议：播出的稿件，内容上不应对敌滥用辱骂语言，应陈述观点，有理有据。博古社长采纳了他的意见。

林迈可夫妇还参加了接待中外记者团和接待美军观察组的工作。中外记者代表团到延安的前两个星期，林迈可奉召到朱德总司令部，指导司令部的工作人员，为记者团准备新闻材料。林迈可建议说：司令部应该好好提供一些有关军事局势的消息，应该好好地绘一张地图，使人一看就能对战局的发展一目了然。延安也不妨学习晋察冀司令部唐参谋长的每月战况汇报，提供一些参考资料，这些参考资料把事实分析得很清楚，一看就知道真相如何。

记者团在延安住了两个星期，林迈可夫妇陪同他们参观了延安的各个地方。参观中，记者团的领队曾问过林迈可的夫人："他为什么不到重庆，去参加那里的通讯工作呢？"林夫人回答他说："这里一切供应都很艰难，连人手也来得不易，他在这里是很有用的。"有一天，记者团参观了前线用的随身携带的收发报无线电设备，大感惊奇，当听说是林迈可一手设计制造的，更是赞不绝口。

为了迎接美军观察组，林迈可夫妇都参加了翻译组的工作。与此同时，林迈可还和美国人一道，设计了一个通讯网络，以便为美军飞机提供气象预报。

在延安，林迈可一方面为延安的通讯和新闻事业尽力，另一方面，他还主动撰写稿件报告边区概况，请经过和离开延安的外国人带走，或发送给合适的报社、政府机关，或任何对抗日根据地感兴趣的人。

林迈可在中国战斗和生活了八年，他的一儿一女都出生在

▲林迈可、李效黎夫妇在延安机场，与美军观察组的合影。

抗日根据地。他用刚到北平时购买的一架德国造的蔡斯伊康照相机，把自己和平西、晋察冀、延安军民的抗战生活拍摄下来，从战争年代一直保存至今。

抗日战争胜利后，林迈可一家于 1945 年 10 月转往重庆，经印度返回英国。

新中国成立后，他和他的后代都非常关注中国的发展，多次应邀来华。他是中国人民永志不忘的老朋友。

绿色和平的使者绿川英子

绿川英子（1912—1947），本名长谷川照子，世界语名 Verda Majo，意为"绿色的五月"，1912年3月7日出生于日本山梨县猿桥一个土木工程师的家庭。她自幼酷爱读书，喜好文学，并写过一些作品。17岁时毕业于东京府立第三高等女子学校，同年考进奈良女子高等师范学校，并在此爱上了世界语，树立了崇高的理想。

▲国际主义战士，日本反战女作家绿川英子。

◎ 绿色和平的使者

1931年九一八事变后，绿川英子积极参与奈良地方的劳农组合和各种进步的文化团体及世界语组织的活动，对学校强迫学生给侵华日军缝千人针作慰问袋的做法表示不满，反对侵略战争。1932年，绿川英子参加进步组织——日本无产阶级世界语者同盟，坚定地站在劳动人民一边。这一年是她思想的转折点，她积极参加"左翼"文化运动，世界语是促使她思想转变的媒介，世界语创始人柴门霍夫认为强权和战争是人类罪恶与痛苦的根源。绿川英子通过世界语组织，阅读了许多无产阶级文学的经典著作和介绍马列主义的书籍，开始把追求个性解放与现实斗争联系起来，把注意力转移到对社会问题的分析上。她领导了女高师的文化进步小组的活动，写作了许多反映现实的文学作品，被当作具有危险思想的人和共产党同情者而遭到逮捕，因为社会舆论及同学们的多方奔走，十天后被释放，但却在离大学毕业还有三个月的时候，被学校开除了。

1933 年，她学会了世界语打字技能，5 月，她以扎实的文学修养和较高的世界语水平成为日本世界语文学研究会会员，并参加《世界语文学》创刊工作，"绿川英子"就是她学习世界语时给自己取的名字，意思是"绿色的五月"。这一时期，她的特殊贡献是把小林多喜二的代表作《蟹工船》节译成世界语，小林多喜二是东方无产阶级文学的开拓者之一，翻译他的作品有助于世界人民了解日本工人运动的状况。她还在文章中揭露了日本沙文主义者企图将日本妇女引向军国主义歧途的阴谋。

1935 年 3 月，绿川英子主张把世界语用到反对战争、支持正义的事业中去。她受日本世界语组织"克拉拉"会委托，为上海世界语刊物《世界》撰写了一篇《日本妇女状况》的文章，从此开始了与世界语运动的接触，在一次使用世界语活动中她结识了在东京高等师范学校留学的中国人刘仁，并于1936 年秋，不顾全家人反对与刘仁举行了婚礼。

1937 年 1 月，刘仁因为祖国的需要先期离开日本回国，参加反对日本法西斯侵略的斗争。4 月，绿川英子在朋友们的帮助下，离开了养育她多年的父母和可爱的家乡，来到等待着她参加战斗的中国。四天后，绿川英子来到上海，与上

▲刘仁与绿川英子

海世界语协会取得联系，参加他们的活动，参与上海世界语会刊《中国怒吼》杂志的编辑工作，为会刊撰写文章，1937年6月，她作为唯一一个参加营救"七君子"的示威游行的外国人，勇敢地走在游行队伍中。

◎ 参加中国抗战

制造七七事变后，日军继续对上海进攻，绿川英子目睹了日军在上海的暴行，她怀着对野蛮者的无比愤恨，以笔代枪，写下了《爱与恨》《中国的胜利是全亚洲明天的关键》等文章，揭露日本法西斯的侵略罪行。她写道："我爱日本，因为那里是我的祖国，在那儿生活着我的父母、兄弟姐妹和亲戚朋友——对他们我有着无限亲切的怀念。我爱中国，因为它是我新的家乡，这儿在我的周围有着许多善良和勤劳的同志。我憎恨，我竭尽全力憎恨正在屠杀中国人民的日本军阀。"她大声疾呼："我与同志们一起，向日本的弟兄们大声疾呼：别错洒了热血，你们的敌人不在隔海的这里！"

1937 年 11 月 27 日，中国军队撤离上海。绿川英子和丈夫刘仁在友人的帮助下，坐船离开上海，于 12 月 1 日到了香港，3 日到了广州。

在广州，绿川英子夫妇参加了广东国际协会世界语科工作。令绿川英子想不到的是，因她是日本人，广东公安机构将她驱逐到香港。刘仁陪伴着爱妻也到了香港，由于人生地不熟，经济又困难，生活上非常艰苦。在困境中，绿川英子仍然写一些文章，揭露日本侵华罪行。她深信中国抗战是正义的事业，中国人民不会因为她是日本人而拒绝她，中国需要支援。

1938 年 6 月底，在郭沫若等人的热情帮助下，国民党政府发给绿川英子夫妇通行证，准许他们到盼望已久的武汉。

在郭沫若的推荐下，绿川英子进入国民党中央宣传部国际宣传处的中央电台，担任日语广播员，执行对日本士兵广播的任务。7 月 2 日晚 7 时，绿川英子开始播音："现在是中国广播电台对日军的广播谈话……"她每天站在麦克风前，用流畅的日语广播，打动着被日本法西斯驱赶到中国充当炮灰的那些日本下层士兵。保卫武汉的高涨时期，绿川英子用自己的名字发出了一封《日本朋友的慰劳信》，向全中国的抗日将士们致以问候，她首先向拿自己的血肉来保卫中华民族的英雄们致诚实的敬礼，她分析日本军队不过持较优良的武器，可是这种武器赶不上中国人的勇敢，更赶不上中国人的团结，因为日本人没有正当理由打仗，中国人有合理理由顽强打下去。她的广播像一把钢刀，刺向敌人的咽喉，让敌人惊恐万状，胆战心惊，日军的军心已经动摇。

日军视武汉的对日广播为眼中钉，欲除去而后快。日军侵占武汉后，才探知对日广播员是本国的长谷川照子。1938 年11 月1 日，日本东京报纸，以头版显著位置报道此事，并攻击绿川英子，"用流畅的日语，恶毒地对祖国作歪曲广播的'娇声卖国贼'，原来是'赤色'败类"。报纸同时还刊登了她的照片。日本国内军国主义分子竟然寄恐吓信给绿川英子父亲，要他为女儿的"卖国"行为"自杀"。

▲日本报纸诬蔑绿川英子是"娇声卖国贼"

然而爱好和平的人民并没有把她视为"卖国贼"，而是十分赞赏她的正义行动。日本女作家泽地久枝说："照子被扣上卖国贼的名字，这是任何日本人也得不到的勋章。"

绿川英子在汉口还会见了东北抗日英雄赵老太太，她把与赵老太太的对话写成一篇文章。在文章中，她为赵老太太的一番话语所感动。赵老太太说："你到我们中国来帮助我们，谢谢你。……如果你们以为我们恨日本人，那就错了。侵略中国只是一部分日本人，我们反对日本，不是我们高兴这样做的，而是我们不能不反抗。你得告诉你们日本人，中国是讲礼义的国家，我们从来不欺侮别人。要是有一天中国侵略日本，我赵老太太决不参加！……你想想看，日本人到中国来，把一切东西都抢走了，还说中国不对，还说义勇军是土匪。义勇军如果真是土匪，它为什么不到日本去抢劫呢？"绿川英子为赵老太太的爱国情怀和深明大义感叹："日本这样的妇女在哪里？阻止儿子们去屠杀无辜的邻人，组织每一个妇女，不让自己的丈夫和儿子到非人道的屠场去，这样的日本妇女在哪里呢？"她在唤醒日本人民起来反对这场不义的侵略战争。

绿川英子还慷慨地拿出仅有的贵重物品——戒指，参加中国的捐献活动。

1938年10月26日汉口失守，绿川英子随着国民党政府机关撤往重庆。到了重庆，她继续在国际宣传处工作，并参加文化界、文艺界的抗战活动。1940年7月，由日本著名反战活动家鹿地亘发起组织的在华日本人民反战革命同盟会总部召开成立大会。绿川英子出席了大会，并被选举为总部的领导成员。

1940年夏，国民党改组了汇聚进步人士的军事委员政治部第三厅。郭沫若被免去厅长职务，一些进步文化人士也从第三厅退了出来。在中国共产党的坚决要求下，国民党政府又设立一个文化工作委员会，安排郭沫若任主任。绿川英子和刘仁于是辞去原有工作，加入文化工作委员会，执行对敌宣传与敌

▲绿川加入日本人民反战革命同盟会

情研究的工作任务。

由于绿川英子把中国的正义事业看作至上的事业，她赢得了中国人民的尊敬，并与许多著名人士建立了深厚的友谊。1941年7月27日，重庆文化界举行纪念郭沫若回国参加抗战四周年活动。当时在重庆的周恩来、邓颖超也亲临会场。绿川英子高兴地见到了仰慕已久的周恩来。周恩来握着她的手，笑着说："日本帝国主义者把你称为'娇声卖国贼'，其实你是日本人民的忠实的好女儿，真正的爱国者。"绿川英子十分激动地说："这对我是最大的鼓励，也是对我的微不足道的工作的最高酬答。我愿做中日两国人民的忠实的女儿。"周恩来带头向郭沫若敬酒后，提议"为在座的绿川英子同志和鹿地亘等日本朋友干杯！"在为别人的折扇签字时，邓颖超特意把自己的名字签在绿川英子的名字旁边。签完字，她对绿川英子说：

"我们并肩战斗!"

抗日战争胜利后,根据周恩来的指示,绿川英子夫妇带着儿子奔赴东北。

1947 年,绿川英子发现自己又怀孕了,为了不影响工作,决定做人工流产手术。在手术过程中,由于感染,病情恶化。绿川英子永远地离开了她为之战斗整整十年的中国。她的丈夫刘仁,由于悲痛致病,在绿川英子逝世一百天后,也因病去世。绿川英子夫妇的遗体,都安葬在黑龙江佳木斯市烈士陵园。

绿川英子短暂的一生和永存的业绩,永远鼓舞着中日两国人民为着和平友好而共同努力。

奏响抗战音乐的国际战士郑律成

郑律成（1914—1976），1914年8月27日出生在朝鲜全罗南道光州杨林町。原名郑富恩，后因酷爱音乐，改名律成。1929年，在全罗北道全州市私立新兴中学读书时，他学会了识谱和弹奏曼陀铃。1933年5月，郑律成跟随姐姐和三哥来到中国，到南京进入革命军事政治干部学校学习，1934年，毕业后留在"义烈团"搞秘密的抗日工作。其姐夫朴键雄任该校教育主任，毕业于黄埔军校四期，参加过广州起义。2009年，郑律成在中国当选为"100位为新中国成立作出突出贡献的英雄模范人物"。

◎ 音乐与抗日

郑律成天生一副好嗓子，他继承了朝鲜族能歌善舞的优良传统，自幼就喜欢唱歌、跳舞，上学时音乐成绩一直突出。在家庭的熏陶下，郑律成从小就会唱一些革命歌曲，如《国际歌》《马赛曲》等。反抗日本侵略者、争取民族解放的坚定信念，深深地扎

▲《延安颂》作者郑律成

根在他的心灵，成为他一生追求不息的人生乐魂。

进入南京革命军事政治干部学校后，郑律成一面进行政治学习，同时他也没有放弃对音乐的追求，在南京学习钢琴、小提琴，每周他还到上海，跟随著名俄籍教授克利诺娃学习声乐。郑律成的音乐天赋让这位著名的教授激动不已。在一次演唱会上，教授推荐他担任男高音领唱，他那金子般响亮的音色和富有穿透力的歌声，使演出获得了极大成功。演唱会一结束，教授激动地搂着他连声说："太好了，成功啦！一位天才之星正在冉冉升起。"教授推荐他去意大利深造，规劝他在音乐方面发挥才能，但郑律成却认为朝鲜和中国正在遭受日本帝国主义的压迫和奴役，留在东方与这个强盗战斗到底是他唯一的选择，音乐仅是他的特殊爱好。他在南京参加"五月文艺社"，从事进步文化活动。

1936 年春，郑律成谱写了他音乐生涯中的处女作——《五月之歌》。自此，他的音乐才思如涌泉水，得以淋漓发挥，像离弦之箭，一发而不可收。

1937 年 8 月 13 日，日军进犯上海不久，郑律成来到上海参加战地服务团，投入到抗日救亡的宣传活动中，并创作歌曲《战斗妇女歌》《发动游击战》。也就在此时，他结识了中国共产党人杜慧君，他第一次了解到中国共产党领导下的延安抗日根据地的情况，深感这是自己应该去的地方。

中共老党员杜慧君带郑律成到上海八路军办事处，潘汉年为他开具了去延安的介绍信，又带他到南京见到"七君子"之一李公朴，李拿出 30 块银圆给郑律成作路费。在南京，他们偶遇八路军总部高级参议宣侠父，宣又为郑律成给八路军西安办事处的林伯渠写了介绍信。

◎《延安颂》

1937 年 10 月，郑律成背着小提琴、曼陀铃和一本《世界名曲集》到达向往已久的延安，进入陕北公学。次年，又进入鲁迅艺术学院音乐系学习。

在抗战时期，延安成为全国成千上万革命青年向往的地方，他们冲破国民党军队的封锁，从全国四面八方奔向圣地延安。延安处处充满清新活跃的气氛，到处是朝气蓬勃的青年，歌声笑语遍城回荡。延河水边，宝塔山上，闪动着他们欢快的身影。郑律成在这块滋润的土地上学习、锻炼、成长。生活是创作的灵感。郑律成不满足于演唱现成的作品，决心在以往创作的基础上谱写新的乐章，用他的话说："用歌声唱出人们的不平和希望。"他经常抱着心爱的曼陀铃，边弹边唱，抒发他对革命圣地的热爱。

1938 年夏天的一天，延安城里开大会。散会时已是下午 5 时左右，郑律成和朋友们爬上鲁艺所在地的半山坡，放眼望去，眼前一队队从城里出来走在田野的战友，歌声和口号此起彼落，整个延安沸腾了。郑律成为眼前的沸腾场面感动了，恰好他的同学女诗人莫耶也正和他在一起，莫耶也是心潮汹涌，热血奔腾，郑律成对莫耶说："给我写个歌词吧！"郑律成这么一说，引发了莫耶孕育已久的创作激情。她急急抽出笔，把满腔的激情倾泻在小本子上，莫耶写了歌词后，写上题目《歌唱延安》，立即交给郑律成。郑律成读着《歌唱延安》歌词，异常激动，他偶尔低吟浅唱，偶尔放声高歌，一曲雄壮抒情的《延安颂》诞生了。

几天后的一个晚上，延安城里礼堂开晚会，第一个节目就

▲1942 年 8 月，郑律成奉命到太行山八路军总部领导的"华北朝鲜革命军政学校"任教育长。

是《歌唱延安》，由郑律成和女高音歌唱家唐荣枚齐唱。郑律成以饱满的热情迸发出激昂的歌声，为中国共产党人放声歌唱。毛主席和中央首长们微笑地倾听着。唱完后，毛主席高兴地鼓了掌。演出第二天，中共中央宣传部要去了这首歌，后来经中宣部改名为《延安颂》。这首歌在当时虽然没有正式出版，但却不翼而飞，迅速广泛地传唱开来，有多少热血青年就是唱着它奔赴延安的！当时郑律成也没有想到这首《延安颂》有如此魅力。他后来回忆说："我没有想到它像长了翅膀一样，从延安飞到前方，从解放区飞到国统区，直到南洋和东南亚。"

不久，毛泽东听说一批刚从苏联来的朝鲜同志分配到 359 旅，嘱咐旅长王震："鲁艺有个年轻的很有才华的作曲家，叫郑律成，可以找他和新来的朝鲜同志讲讲话嘛！"王震于是安排郑律成和新来的朝鲜同志见面，并到朱德总司令处会餐。朱德听说郑律成喜欢打猎，送给他一支步枪。1938 年 8 月，郑律成从鲁艺毕业，来到抗日军政大学政治部担任音乐指导。不

▲1938 年郑律成在延安抗大指挥女生队唱歌

久，他又创作了著名的《延水谣》，这是继《延安颂》之后又一首优秀的抒情歌曲。他以陕北民间音乐为基础，谱写出这首唱来既亲切又新颖的歌曲。这首歌一经传唱，风靡延安，直至全国。

◎《八路军进行曲》

郑律成此时和在抗大政治部宣传科当时事政策教育干事的公木（张松如）住邻居，他俩像亲兄弟一样友好，郑律成常到他的住处来玩。公木利用业余时间经常写歌词、诗歌，1939年 7 月的一天，郑律成坐在他床上翻看他的笔记本，发现他那个本上有很多诗，高兴得不得了，他为诗歌《子夜岗兵颂》谱了曲，郑律成唱给公木听，公木听后非常高兴，说："一首诗变成一支歌，确实是一个质的飞跃。"两人觉得非常满意。

郑律成提出搞个"八路军大合唱"，说公木是从前方来的，熟悉战场的情况，约他写词。郑律成还说，什么叫大合唱，就是多搞几首歌嘛。公木欣然同意，虽然他住在山洞里，心胸和视野还是很开阔的。他首先写了《八路军军歌》和《八路军进行曲》，接着还写了《骑兵歌》《炮兵歌》。公木激情万丈，他连续创作了这一组歌词，包括《军歌》《进行曲》《快乐的八路军》《子夜岗兵颂》《骑兵歌》《炮兵歌》《军民一家》《八路军和新四军》等八支歌，要的就是这个"八"字。

8 月份，"八路军大合唱"的歌词全部写完。延安的条件是很艰苦的。当时抗大连风琴也没有，郑律成就哼着作曲，他唱，公木听。9 月份，曲还没作完，郑律成就调到鲁艺音乐系去了。鲁艺音乐系的条件好一点，有乐器。10 月份，郑律成完成"八路军大合唱"的全部曲谱。同年冬，这首歌由延安鲁迅艺术学院油印出版，首演于延安中央大礼堂，之后传遍全延安，传遍全军，掀起了唱歌高潮，前方后方都唱。1940 年 5 月，《八路军军歌》和《八路军进行曲》两支歌刊登在总政主编的报刊上。

公木后来说："在'八路军大合唱'中，抗战的三个阶段，我都写上了，写成大兵团音乐形象，不是个别游击队的形象。其实，1939 年还没有形成大兵团，但要站在抗战形势发展的高度去写。这是我当时的一种真感情，很自然很自觉地写的。不是首长叫写的，也没有谁告诉我要这么写，也没领导提意见，更没有开什么研讨会。回想起来，那时我们二人胆子也真够大的，既没有请示也没有汇报，一写就是军歌、进行曲。这样的环境，我想只有在那个年代才有，在任何时候可能都是不行的。"

《八路军进行曲》坚毅豪迈，热情奔放，音律和谐，朗朗上口，有着一往无前、无坚不摧、排山倒海的革命气概。1940年这首歌在《八路军军政杂志》发表后，在各抗日根据地广泛流传、深受喜爱，成为激励广大军民团结抗战、英勇杀敌的精神力量。1941 年 8 月，此歌荣获延安五四青年奖金委员会评定的音乐类甲等奖。解放战争中，各部队根据当时的形势和任务，对歌词作了修改，更名为《人民解放军进行曲》。1949 年此曲被列为"中华人民共和国开国大典曲目"之一。1951 年中国人民解放军总政治部统一修订歌词，刊于《部队歌曲选集》第一集。1965 年改名为《中国人民解放军进行曲》。1988年 7 月 25 日，被中共中央军事委员会确定为中国人民解放军军歌。

◎ 转战敌后

1939 年，郑律成加入中国共产党。年底，郑律成在鲁艺担任音乐老师。他一面教学，一面继续音乐创作。在那艰苦的岁月里，郑律成始终保持着热情乐观、平易近人的精神风貌。他是一个打猎能手，经常上山打猎，为周围的同志改善生活。大家都亲切地称呼他"小郑"，一些国际友人则诙谐地称他"啊，延安"。就在这期间，他认识了抗大女生队队长丁雪松。

丁雪松是一位女共产党员，她十分欣赏郑律成的才气。但是，在那动荡的年代，她与一位起初并不了解的国际友人相爱是不容易的。丁雪松开始有许多顾虑，害怕因为政治原因而影响工作。恰巧此时，八路军炮兵团团长武亭从前方赶回延安参加会议。武亭是参加两万五千里长征幸存下来的一位朝鲜同志，党非常信任他。武亭的到来，是丁雪松与郑律成关系的转折点。武亭与郑律成同为朝鲜同志，而且他非常喜欢这位小老乡。武亭听到郑律成与丁雪松谈恋爱，找到丁雪松，告诉她，郑律成的家庭是一个革命的家庭。在武亭的解释下，丁雪松打消了顾虑，勇敢地与郑律成结成了终身伴侣。婚后不久，郑律成奔赴太行山八路军总部，担任华北朝鲜革命军政学校的教育长。

▲1942 年 9 月郑律成与武亭（右）、太岳分区二十一军分区司令郭庆祥（中）在太行山合影

当时，中共中央为了帮助在中国坚持抗战的朝鲜同志，把在太行山的朝鲜友人集中起来，组织了朝鲜独立同盟、朝鲜义勇军、朝鲜革命军政学校。武亭任军政学校校长，郑律成被任命为教育长。学校的主要任务是培训从敌后来的朝鲜青年战士，有时参加战斗，有时参加锄奸工作，还曾深入敌后做瓦解敌军的工作。朝鲜同志学习非常认真，战斗异常勇敢，有一次在掩护八路军总部撤离战斗中，英勇地完成了重大使命，但牺牲了

不少人。党中央爱护朝鲜同志，为了保存有生力量，决定全体人员撤回延安，并进一步加强培训，郑律成也随之回到延安。

郑律成在前线战斗，并没有停止乐曲的构思和创作。1940年，创作大合唱《岢岚谣》《抗日骑兵队》，谱写歌曲《伐木歌》《百团大战进行曲》等。1941年，他又创作合唱《准备反攻》等。

抗日战争结束后，郑律成偕夫人回到朝鲜。1950年，朝鲜战争爆发，在周恩来总理的批准下，郑律成同妻子回到中国，并加入中国国籍。

"南京好人"约翰·拉贝

约翰·拉贝（John Rabe, 1882—1950），1882年11月23日出生在德国汉堡。拉贝父亲是船长，拉贝早年丧父。初中毕业后，曾在汉堡的一家出口商行当伙计，后前往非洲东南部的葡萄牙殖民地莫桑比克的一家享有盛名的英国公司工作数年。在那里他学会了一口纯正的英语。1906年因为染上了疟疾，回国。1931年至1938年任德国西门子公司驻南京代表，南京大屠杀期间，担任南京安全区国际委员会主席。

▲约翰·拉贝

◎ 中国工作三十年

1908年，受西门子中国公司之聘，拉贝开始在中国沈阳、北京、天津、上海、南京等地经商。1909年在北京结婚。1919年第一次世界大战期间，因为中国参加协约国对德宣战，拉贝被遣返回国。第二年，拉贝重返中国。1931年他担任西门子驻南京的办事处经理，负责西门子公司在南京的所有业务工作。拉贝在中国有很多朋友，他能说一口流利的英语，法语写起来也毫不逊色。他写了很多书，大部分是关于他在中国的生活，书中还配上了照片和别致的幽默画。他的书大多是个人生活的记录，从未发表过。拉贝写日记的嗜好是从 1919 年开始的。对他来讲，日记是一笔珍贵的财富，里面记录了他的时光和他的生命。

拉贝在中国生活了近三十年，他的家乡与其说是德国，不如说是中国。他属于那种富有传奇色彩的老中国通，说一口纯正的英语，但不会说中国话。他能用中国人的思维方式进行思维，理解中国人，而且也欣赏和热爱中国人。

拉贝是一个实干家，处理所有的实际工作都非常得心应手。1937 年时。南京有人口 130 万，西门子公司设置了电话系统，为发电厂安装了涡轮机，还为一些医院提供医疗设备，西门子公司负责培训中国技术人员，由他们负责设备的保养和维修，中国各部委向西门子订货的合同都要经过拉贝签署。

拉贝对政治不怎么感兴趣，他只是对与中国、德国对华贸易和德国的亚洲政策有关的政治有些兴趣。他是一个爱国主义者，1934 年，他在南京建立了一个德国学校，他是这所学校理事会的理事长。

◎ 日军对南京的占领

七七抗战爆发的时候，拉贝正在北戴河度假。1937 年 8 月底，他想方设法走水路回南京，到烟台时，他就听说南京在 8 月中旬遭到了轰炸，而后又转火车，花了十天时间于 9 月 7 日回到了南京。他回到办公室就收到德国大使馆关于撤离南京的劝告。他从 9 月 19 日开始了躲防空洞，历经被日军轰炸的生活，也从此开始记载战时日记。他没有听从撤离中国的多次劝告，1937 年 9 月 21 日，上海日军司令官向南京发出最后通牒：从今日中午起，将再次加强对南京的轰炸，因而告诫所有的外国人尽快离开南京。

许多美国人和德国人都逃走了，而此时的拉贝却从比较安全的北戴河回到了南京。他在日记中这样记叙道："我绝对不想为了任何东西（洋行的或是我自己的一些破东西）轻率地去拿我的生命冒险。但是，这里还有一个道德问题，我作为一个正派的汉堡商人至今还无法跳越过去。"① 拉贝身边，30 多位无家可归的与他共事的中国职员，在以期待的目光望着他，使他不忍离去。他在日记里写道："我认为我不能这样做！谁要是两只手各抓住一个身子颤抖着的中国孩子，空袭时在防空洞里蹲上几个小时，他就会与我抱有同感。""今天善待我 30 年之久的我的东道主国家遭遇到了严重的困难……他们不是正面临着被集体屠杀的危险吗？我们难道不应该设法帮助他们吗？至少能救多少是多少吧？假如这些都是我们自己的同胞呢？"②

拉贝的院子里建有一个防空洞。每当空袭警报一响，他就和他的中国佣人、雇员、邻居躲进洞中。他顽固地坚持：抱着婴儿的妇女优先得到照顾，允许坐在防空洞的中间（也就最安全的位置），然后是带着较大孩子的妇女，最后是男人。

---

① ［德］埃尔文·维克特选编：《拉贝日记》，周娅、谭蕾译，新世界出版社 2009 年版，第 7 页。

② ［德］埃尔文·维克特选编：《拉贝日记》，周娅、谭蕾译，新世界出版社 2009 年版，第 8 页

▲南京安全区和国际红十字会南京委员会部分成员，
左三为约翰·拉贝。

◎ 国际安全委员会

　　1937 年 11 月，上海失守，南京危在旦夕。拉贝和 20 多位来自不同国度的西方人商议：是否有可能筹建一个难民保护区。他们为这个拯救中国人生命的组织，起了个全球性的名字——南京安全区国际委员会。11 月 22 日下午 5 点，国际委员会开会讨论成立一个南京平民中立区，大家一致推举拉贝担任安全区国际委员会主席，他们还征得了德国大使的同意，将委员会草拟的该项建议通过美国大使转交日本大使，同时也获得了英国大使的同意。25 日，因为这项请求没有日本方面明确的答复，拉贝又给德国元首希特勒和德国总领事发了电报，请求帮忙；而此时，上海西门子公司总部来电，请拉贝决定是否离开南京，并建议他迁至汉口。拉贝回电说："我已决定留在南京主持国际委员会工作，以建立中立区保护 20 多万平民。"

拉贝留下了，他准备和国际委员会成员及马骥牧师为主席的"国际红十字南京委员会"成员一起，赤手空拳地与死亡、恐怖和野蛮搏斗。

空袭越来越频繁，大炮的呼啸声也越来越近，成千上万的人正在争先恐后地逃离。此时，拉贝和安全区国际委员会的成员们正紧张地投入筹备工作。他们首先要与中日双方交涉，要求承认难民区的中立地位，不驻扎军队，不加轰炸，使留在南京的居民在最危急时刻，可以获得躲避的处所。

中国当局确认了难民区的位置：东至中山路，北至山西路，南至汉中路，西至西康路，这是一块只有 3.86 平方公里的狭长地区。金陵大学、金陵女子文理学院、鼓楼医院，美国、德国、英国、日本大使馆及许多政府机构、高级公寓、私人洋楼都在安全区范围内。

12 月 2 日，法国神父雅坎诺转来日本当局的电报：

根据您 11 月 30 日来电给南京安全区委员会答复如下：日本政府已获悉你们建立安全区的申请，却不得不遗憾地对此予以否决。若中国军队对平民及（或）其财产处理失当，日本政府方面对此不能承担任何责任。但是，只要与日方必要的军事措施不相冲突，日本政府将努力尊重此区域。①

12 月 1 日，南京市市长马超俊把难民区的行政职权交给了拉贝。拉贝全面展开安全委员会的工作，积极储备粮食、药品等生活必需品，召开会议，分配任务，积极与中国驻军联系，努力争取从安全区撤出部队。12 月 8 日，发表了《告南京市

---

① ［德］埃尔文·维克特选编：《拉贝日记》，周娅、谭蕾译，新世界出版社 2009 年版，第 84 页。

民书》，公布了安全区的范围，请市民来安全区！

◎ 救助难民

接下来的几天，拉贝为中国军队出安全区费尽努力。1937年12月12日夜，南京城陷落。惊恐失措的难民几乎全部涌入难民区内。未能及时撤退的中国士兵也纷纷涌入难民区，要求保护。13日成立了约翰·马吉牧师为主席的国际红十字会，在几所医院里照顾伤员和病人。

12月13日下午，拉贝高举着印有安全区徽章的旗帜，带着秘书史密斯去同进城的日军交涉。终于，他得到了日本特务机关负责人原田少将的允诺：难民区进入口将派兵驻守，区内可留警察，除警棍外，不准携带武器。安全区委员会可享用存米1万担，并可将难民区外存米运入等。至于被解除武装的中国兵能否依照国际法保全性命，日本人没有回答。

事实证明，日军并不守信，安全区内并不安全。当天晚上，拉贝接到报告，日军到安全区抓人。他立即带委员们赶去交涉，日军不理不睬。日军在鼓楼附近搜出了一屋子的枪，于是气势汹汹地闯进安全区，挨户搜查，1300个男子被认为貌似军人，用绳子捆绑着带走了。拉贝气得脸色发白，他觉得对不起这些中国人，他曾向中国士兵保证放下武器就能保障生命。与其这样，不如让他们拼命到底啊！

往后的日子更令人难以忍受。日军以搜查军人为名，每日都将十余卡车的人押向城外，进行屠杀，马路上尸横遍地。在金陵大学避难的7000多位妇女，几天下来，已有近半数被强奸。沿中华门至下关江边，遍地大火，烈焰冲天，全市约三分之一的建筑物被烧成灰烬。

　　愤怒的拉贝不知怎样排遣他的怒火，日军野蛮的兽性确实出乎他的预料。为了给后人一份记录，他把每天所见所闻记载于日记中，他详尽地记录了集体屠杀、砍头、活埋、水淹、火烧、奸杀等500个惨案。他要向全世界揭露这种兽行，为人类呼吁人道，伸张正义！

　　拉贝了解到，古年岗有两个国民党撤退时留下的军用仓库，里面全是硝磺。他找到一个中国人说："你去炸掉它！否则给日本人拉去做子弹，要死掉多少中国人？"拉贝教他使用炸药的方法，终于将一仓库的硝磺炸掉了。

　　拉贝特意选择了德国纳粹党旗为安全区国际委员会的旗帜。"二战"中由于日德结盟，拉贝利用它来对付兽性十足的日本兵。那些强奸妇女的士兵，一见到拉贝他们身上戴着的纳粹徽章，就连声惊呼："德意志！德意志！"悻悻而去。于是，拉贝和另外两个德国人，成了日本兵最奈何不得的人。他们也由此救助了众多的中国人。

　　作为安全区的最高长官，拉贝面临的困难像千万座大山。除了要防止日军的恣意侵扰和屠杀外，难民区的衣食和药品也是一大难题。总面积只有3.86平方公里的难民区，拥挤着近30万难民，每幢房子里都拥得水泄不通，晚

▲南京国际救济委员会临时急赈联合会全体职员摄影（图中前排右起第七人为拉贝）

上也只能一个挨一个勉强躺下，所有的空地都搭满了芦苇棚子。时值寒冬，粮食、煤炭、水、药品，少了哪一样，30万人都将难以生存下去。

日军占领南京后，封存了所有的米和煤。到1938年1月底，国际委员会的存粮已十分有限。在拉贝的交涉下，日军勉强同意让近30万难民每天购米1000袋。1月7日，拉贝又致函日本大使提出三项要求，以解决难民区的粮食问题。拉贝同时又向英、美使馆求援，为难民募得捐款购买粮食及其他用品。日本当局竟厚颜无耻地要没收捐款给日伪机关支配，拉贝坚决予以拒绝。

南京陷落之初最危急的两个多月内，受拉贝和国际委员会救济的难民总计达25万人，妇女受庇护幸免被日军蹂躏的有数万人。仅拉贝家中就救助了650余位难民。

为表彰他对南京难民的救助，抗战胜利后中国政府授予他一枚系有蓝白红绶带的彩玉勋章。

◎ 回国宣传

1938年2月22日，拉贝奉西门子公司之命离开南京，返回德国。

拉贝回国后，德国国务秘书、大区党部领导人授予他一枚红十字勋章，在斯图加特他还被授予国外德侨银质奖章。在柏林，他在西门子总厂任远东人事部长。

在5月2日至25日的二十多天中，拉贝连续作了五场演讲，向人们展示有关证据，揭露日军在南京的暴行，让德国公众了解南京发生的一切，以期引起国际舆论对这种罪恶行径的谴责。

6月8日，拉贝寄给希特勒本人一份揭露日军暴行的报告。报告共260页，介绍了他留守南京的原因，南京国际委员会成立的经过，及其主要工作。其中附件259页，是拉贝1937年12月9日至1938年2月22日在南京期间的部分日记，国际红十字会会计克鲁茨拍摄的22张日军暴行照片，每张照片都有拍摄时间、地点和拍摄对象的详细说明，客观地记录了日军在南京犯下的惨无人道的暴行。拉贝在两组照片前写道："下面展示的这些照片，只是1937年12月13日日军占领南京后所发生的无数事件中的极小部分。拍摄这些照片的目的，并非是要煽动人们对日本进行报复，而只是希望让所有的人，包括日本人对这场战争的可怕后果有所了解，并请他们利用一切法律手段终了这场由日本军队挑起的争端。"

拉贝此举，是希望希特勒能够出面阻止日军的暴行，并引起希特勒的警觉。他不会想到，这使犯过类似罪行的德国法西斯感到难堪。几天后，拉贝遭到秘密警察逮捕，他的六本日记和有关照片被没收。他被责成必须从此以后对南京发生的一切保持沉默后，才被释放了。

1938年10月，拉贝取回了他的日记，但部分照片被没收了。拉贝愤怒之下，勇敢地提出退出纳粹党，但遭到了拒绝。

◎ 窘困的生活

1943年11月，拉贝在柏林的住宅，在大轰炸中被炸毁。

1945年5月，盟军攻占柏林后，拉贝又被苏联人逮捕，他受到了审讯，三天后被释放。后来，英国人接管了西门子城，英国占领军政府招用拉贝为首席翻译，但几周后，他被解雇了，原因是前纳粹党员不能在军政府工作。拉贝在南京时，曾是纳粹党小组负责人。德国肃清纳粹法庭也一直把他作为纳粹分子看待。抗日战争胜利后，中国政府曾邀请拉贝前往东京远东国际军事法庭，为审讯日本战犯作证。因其身份特殊，未能参加。

后来，在上诉审理中，英国占领军"非纳粹化委员会"出具了一份证明，证明拉贝在南京建立安全区，主持国际委员会的工作，拯救了许多中国人的生命，因此不应被追究责任。最终，肃清纳粹法庭复议庭认定拉贝为非纳粹分子。

这时，拉贝已 63 岁，他已贫病交加。全家六口人，生活无任何来源，衣食均无着落。拉贝在保险公司的人寿保险因战争遭到了损失，原西门子公司的养老金也无指望，他只能靠收集野菜做成面糊汤度日。

◎ 人们不会忘记

中国人民不会忘记这位善良、正直的德国老人。1945 年初，当获知拉贝老人生活窘困，南京市参议会成立了救助拉贝劝募委员会。当年受过拉贝庇护免遭凌辱的妇女，枪口下得以生还的男子，得到米粥救济免遭饿毙的老人，得知拉贝的境况，无不热泪盈眶，纷纷解囊相助，不几日就募得 1 亿元。经特别批准，兑换美金 2000 元，辗转汇到德国援助拉贝。

战后的德国，物资极度匮乏，有钱也买不到食物。1948 年 3 月南京市市长沈怡急速在瑞士购买奶粉、香肠、茶叶、咖啡、牛肉、奶油、果酱等食品打成四大包寄给拉贝，表达了南京市民对这位老人的由衷的感激。南京市市长沈怡决定，从此每月给拉贝寄赠食物一包。并想方设法让拉贝来中国安度晚年，但终未能如愿。

1950 年，拉贝患中风在柏林去世。拉贝去世后被葬在夏洛腾堡公墓。为他送别的只有他的妻子、孩子和几个朋友。

1996 年 12 月 13 日，拉贝先生的外孙女莱因哈特夫人，向世人展示了拉贝记载着南京大屠杀的"战时日记"。从此，拉贝为世界人民所知晓。他被誉为"英雄""中国南京的辛德勒"。拉贝的日记已经翻译成中日英三种文字出版发行，成为回击日本军国主义的有力武器。

1997 年 5 月，中国政府为了永远纪念拉贝——这位具有正义感和人道主义精神的国际友人，将拉贝的墓碑由德国运抵中国南京，安放在南京大屠杀遇难同胞纪念馆。

南京大屠杀罪证的唯一拍摄者
约翰·马吉牧师

约翰·马吉（John Magee，1884—1953），美国传教士，1884 年出生于美国宾夕法尼亚州匹兹堡一个律师家庭。1904 年，马吉毕业于耶鲁大学，之后在马萨诸塞州剑桥郡的新教圣公会神学院（Episcopal Theological College）学习，这所学院是哈佛大学的附属学院。毕业后，1912 年作为新教圣公会教堂的一名牧师被美国圣公会派往中国南京传教。1916 年，马吉与沈子高等筹办"益智小学"。1921 年，他又创建道胜小学。到 1937 年底日军占领南京前，马吉一直在南京道胜堂传教。直到 1940 年 5 月离开中国。

▲约翰·马吉，美国传教士，南京大屠杀期间参与救助难民

◎ 成立南京国际红十字会

1937 年 12 月 8 日至 1938 年 1 月 30 日，约翰·马吉以日

记体的形式给远在美国的妻子写了很多封信，内容全是他对日军暴行的记录。从日机轰炸南京开始，马吉就忙着救助被炸伤的南京市民和上海方向逃过来的受伤难民，开车将他们送往医院救治。13 日以前，日军尚未攻入南京城，但是南京的外围不断有受伤的百姓，马吉组织人去救助。"12 月 9 日，我听说火车站有些受伤的老百姓，因此我驱车前往。我忘了提，前一天我发现一名来自无锡或那一带的老妇人，她的双手被炸弹严重炸伤，我把她和她的女儿送到鼓楼医院，在那儿她的一个指头被截掉了。星期四，我们从鼓楼医院出来时，让救护车装满了伤员所需的药品和毯子………12 月 11 日，我用鼓楼医院的救护车把伤兵送到首都剧院门前的包扎中心。"

1937 年 12 月 13 日，日军占领南京，经上海国际红十字会和中国红十字会承认，成立了"国际红十字会南京委员会"，约翰·马吉为主席，全力救助难民与士兵。由于日军占领南京后，大量受伤士兵无人照料，马吉领导的国际红十字会承担起了照料伤兵的使命。红十字会接收外交部、铁道部和军政部的伤兵医院，成立红十字会难民医院，收容千余名重伤兵。红十字会对伤员的帮助也遭到日军的无理阻挠，马吉随时跟着救护车，因为一旦没有外国人在场，汽车马上就会被日本人抢走。日军占领南京期间，到处抢劫杀人，强奸城内妇女的兽行更是天天发生。马吉住的道胜堂因为属美国财产，日军不敢肆意胡为，因此成为了中国妇女的避难所，这里住满了来寻求庇护和他从日军魔爪下拯救出来的中国妇女。马吉在南京大屠杀的两个多月间，曾经给日本大使馆和日本占领军最高指挥机构写了400 多份《抗议书》和《报告书》，强烈要求停止暴行。在 12 月 19 日这天的日记中，马吉写道："过去一个星期的恐怖是我从未经历过的。我做梦也没有想到过日本兵是如此的野蛮。这是屠杀、强奸的一周。我想人类历史上已有很长时间没有发生过如此残暴的事了，………日本兵不仅屠杀他们能找到的所有的俘虏，而且大量杀害了不同年龄的平民百姓。就像在野外猎杀兔子一样，许多百姓在街上被日本兵随意杀掉。"

▲南京大屠杀期间约翰·马吉牧师拍摄日军暴行使用的摄影机

◎ 冒险拍摄罪证

面对日军不断犯下的反人类的暴行，约翰·马吉利用自己牧师的身份，特别是红十字国际委员会的名义，去不断救助受难的人们，同时，他冒着生命危险，用一架 1930 年的老式 16 毫米摄影机、拍摄了迄今唯一的南京大屠杀影像。马吉在南京期间，常常利用职务之便，冒着生命危险，秘密地将日寇在南京的暴行拍摄下来。当时，日军对外籍人士行动严格控制，绝对禁止摄影、摄像。马吉牧师在影片的引言中写道："必须小心谨慎地行动，摄影时千万不可让日本人看见。"在他拍摄的这些镜头中，日军的坦克和大炮正疯狂地炮击南京城，机关枪正对着成群的市民进行扫射，城内也到处是残垣断壁，以及受日军奸淫的中国妇女，被汽油烧焦的尸体惨不忍睹，街道上、水塘中到处是被日军血腥屠杀的平民。1937年12月21日，马吉在南京鼓楼医院拍摄了许多被日军残害的市民，他们中有些人成了控诉南京大屠杀的证人。他拍摄的一名正在被救治的病人，是当年怀有六个月身孕的李秀英，因反抗日本兵强暴，她身中37刀。幸存下来的李秀英曾在战后多次赴日本参加和平集会，控诉日军暴行。

1938年2月16日，马吉认识了负责守卫江南水泥厂的丹麦人辛德贝格，他在江南水泥厂和栖霞寺一带进行了拍摄。在江南水泥厂，马吉见到了1万多难民，拍下了江南水泥厂难民营和病人排队等候诊治以及农民把伤员运来急救的情景。马吉还前往距水泥厂仅五里的栖霞古寺，在两天的栖霞之行中，见到一幕幕凄惨的景象，并将这些令人悲痛的场面拍摄下来：沿太平门至龙潭的公路干线，在10英里和12英里距离之间，80%的农民房屋被烧；逃到乡间的城市老年妇女被打死；反绑的中国士兵被日军处决后扔进水塘；四川籍士兵的尸体横陈路上……

马吉先后拍摄了四盘胶片，总时间为105分钟。这些真实的镜头是日军在南京大屠杀的有力历史记录，是留存至今的有关侵华日军南京大屠杀的唯一动态画面，成为揭露日军暴行的历史记录。拍摄历尽艰辛，传播也更不容易。日军为了掩盖南京大屠杀暴行的真相，严格限制外籍人士的出入。几经努力，在南京的美国基督教青年会的传教士乔治·菲奇才得到日军的允许，可以乘火车去上海。1938 年 1 月 19 日，马吉牧师拍摄的一部分胶片由菲奇带到了上海。为了躲避车站日军的检查，菲奇将胶片缝在了驼毛外套的夹层里。当时，澳大利亚人田伯烈，在上海担任英国《曼彻斯特卫报》的记者，他参与了编辑影片的工作，并且是最早揭露南京大屠杀的著作《外人目睹之日军暴行》的作者。他们对影片进行了剪辑，并给影片的各部分加了英文标题。这部纪录片由上海柯达公司制作了四份拷贝：一部送给了英国"调解联谊会"的女传教士穆里尔·莱斯特小姐；一部给了德国驻华使馆的外交官罗森；一部由菲奇带回美国；还有一部辗转送到了美国国会，被存放于美国国家档案馆。胶片中的近百幅画面被翻拍成照片，有十幅照片还被刊登在 1938 年 5 月出版的美国《生活》杂志上。这些影像和图片资料令世界感到震惊哀恸，不少人在看到暴行的图像后甚至昏倒。

1991 年 8 月，约翰·马吉的儿子大卫·马吉从家中地下室里存放的父亲遗物中，找到了马吉牧师当年拍摄的胶片拷贝和使用的那台 16mm 摄影机。2002 年 10 月 2 日，大卫·马吉将摄影机捐赠给南京大屠杀遇难同胞纪念馆，成为该馆的一件珍贵历史文物。

◎ 东京作证

1946 年，当远东国际军事法庭审判日本战犯时，马吉勇敢地走向证人席。法官询问他，1937 年 12 月 13 日日本士兵在占领南京后，是如何对待中国平民的呢？马吉答道："令人难以置信的恐怖。在几天内就迅速开始了屠杀，通常是单个的日本士兵，有时是 30 多个日本士兵一起四处游荡，每个人似乎都掌握着生杀大权。之后很快就开始了有组织的大规模屠杀。不久南京便陈尸遍地，我曾经碰到过成队的中国平民被押走杀害。这些人主要是被用步枪和机关枪杀害的。另外，我们也知道有数以百计的人被刺刀刺死。"法官又问在占领南京后，日本士兵是如何对待妇女和儿童的呢？马吉答："事情同样令人难以置信地恐怖。每天都有强奸事件的发生。很多妇女、甚至儿童惨遭杀害。如果一名妇女拒绝或反抗的话，她就会被枪杀或刺死。马吉和金陵女子学院的副院长、美国人魏特琳小姐一起去调查日军强奸中国妇女的案件，在形势最严重的时候，金陵学院里收留了一万两千到一万三千名女孩——我应该说一万两千到一万三千名妇女和女孩。当时金陵女子文理学院是专门收容妇女难民的难民所，在侵华日军南京大屠杀期间，这里成了日军实行性暴力的重要目标。"约翰·马吉向法官陈述了他在南京亲历种种日军暴行，使得日本战犯受到应有的惩罚。

约翰·马吉先生在东京审判作证时是康涅狄格州纽黑文（New Haven）市耶鲁大学的圣公会学校的牧师。

马吉在 1941 年日、美开战后回到美国，继续担任牧师传教。1953年，马吉在美国匹兹堡

▲马吉牧师在东京审判法庭上作证

去世。马吉临终前曾留下这样的遗嘱："假如再活一次，还是要为中国人服务，中国是我的家。"约翰·马吉以各种方式保护南京民众，并记录下日本侵略者的残暴行径，对他的人道主义精神和无畏义举，中国人民永远不会忘记。

冒死救难民的辛德贝格

辛德贝格，全名伯恩哈尔·阿尔普·辛德贝格（Bernhard Arp Sindberg，1911—1983），原籍丹麦，后移民美国。辛德贝格1911年2月19日出生在丹麦日德兰半岛港口城市奥胡斯

▲伯恩哈尔·阿尔普·辛德贝格

市，自幼喜欢旅行，曾骑自行车跨越了半个丹麦，还曾骑车一直到达德国汉堡的美军蒸汽机船上。初中毕业后，辛德贝格17岁，他的家人不再限制他，他去美国旅行了三年，然后回到了丹麦。1932 年至 1933 年，他服义务兵役，在格陵兰岛当了一年零五个月的海军，而后，他去阿尔及利亚加入了法国外籍兵团，但对同伴和兵团在摩洛哥的沙漠任务很不满。服役仅十个月后，他跑到了山里，作为偷渡者，乘坐一艘船回到了丹麦。

◎ 来到中国

1934 年，辛德贝格搭乘一艘丹麦商船来到中国上海，在华懋饭店当过前台接待员。1937 年，他回美国一趟，八一三事变之后，他踏上了回上海的行程，途经日本看到了日本送军人来中国的情形，走到黄浦江时看到日本兵残忍地屠杀中国人的情形。到上海后，他应征入伍，参加了万国商团，被分到了斯堪的纳维亚人组成的机关枪 C 连，当天就去援助英士兵，在一个位置重要的碉堡里守了两天两夜后，8 月 23 日返回驻地。不久日军轰炸了上海先施百货公司，并且摧毁了永安百货，炸死近 200 人，伤约 400 人，辛德伯格他们马上参与了抢救，维持中立区的治安工作，一个月左右，正规部队到达，他们被解散。9 月中旬，辛德贝格为伦敦《每日电讯报》记者彭布罗克·史蒂芬斯充当司机，他们日夜兼程，穿梭于各个前线及上海各个区域，每次他们都在尽可能的情况下，救助伤兵。他赞扬"中国士兵是非常令人钦佩的，他们勇敢地奔赴前线时，唱着欢快的曲子，他们衣衫褴褛，用竹竿肩起负荷。增援部队沿路看到他们受伤的战友，不但没有被吓倒，这些让人同情的场面似乎更能激励他们继续前进。"①

　　1937 年 11 月 11 日，中日两国军队经过三个月的残酷战斗，中国军队撤出上海，辛德贝格和史蒂芬斯爬上一个距地面 50 英尺的水泥平台观察中国军队撤退和日军开进，随后两军交火，史蒂芬斯被日军机关枪扫射打死，三天后，辛德贝格参加了史蒂芬斯的葬礼，之后，他又一次失去了工作。

◎ 应聘保护江南水泥厂

　　12 月 2 日，辛德贝格和德国人京特及另外两位中国人辗转苏中、镇江到达南京，应聘史密芝公司在南京创建的一个丹麦水泥厂，任务是在战时保护工厂。为此，辛德贝格在丹麦驻沪总领馆立下了"生死状"，自愿前往南京栖霞山江南水泥厂，战时停留期间，风险自担。5 日，他们赶到了江南水泥厂，而 4 日，日军已完成了对南京外围的包围。辛德贝格电告公司他们已经到达工厂，同时分别升起德国和丹麦两国国旗和标记，建筑避难室，联系德国留在南京的外交官，储备食品、饮料等。其时，留在南京的三名德国外交官已经转移到南京附近的长江船上。辛德贝格还让人在厂房的屋顶上用油漆刷了一面 1350 平方米大的巨型丹麦国旗，避免日军轰炸。工厂附近就是战场，12 月 9 日，中国军队撤出，栖霞山沦陷。但是，工厂周边的战斗并没有停止，中国军队的抵抗也持续了几天。11 日，江南水泥厂开始收容难民，到 1938 年 3 月下旬，共收容难民有 15000 之多。辛德贝格先后收容了死里逃生的中国士兵

---

　　① 戴袁之：《1937—1938：人道与暴行的见证——经历南京腥风血雨的丹麦人》，江苏人民出版社 2010 年版，第 21—22 页。

十一名。因为日军不断到各村中烧杀抢掠，老百姓们听说江南水泥厂安全，便纷纷到此避难。辛德贝格他们在难民区实施了六条管理办法，一是连环保结，二是南北两区各选出六名负责人参与管理，三是不携带违禁物品，四是一再警告防火，五是提醒注意卫生，六是工厂职员们坚持每天巡视。

▲1937 年，为阻止日军进入难民区，辛德贝格和京特在江南水泥厂周围插满丹麦国旗。

辛德贝格曾经两次送伤员到医院，但日军拒绝入城，不得已，他们自己成立小医院，辛德贝格不断进城，同鼓楼医院和红十字接洽，派护士两名，并给配药，还与老中医合作为难民治病。他们救治了许多难民，大部分是被日军所伤，辛德贝格为此付出了艰辛的努力。12 月 21 日，辛德贝格来到拉贝的国际救助中心，借用了拉贝秘书韩湘琳的汽车，23 日送了两份栖霞山难民致日本当局的请愿书，请拉贝转给日本大使馆一秘田中正义。但是栖霞寺难民的状况并没有得到好转，栖霞寺仍是日军不断侵扰的对象，之后的十六天里日军十一次闯进栖霞寺杀人、放火、强奸、抢劫。1938 年 1 月 25 日，栖霞山寺庙将 20 位知名人士签名的题为《以人类的名义致所有与此有关的人》的信，送到京特和辛德贝格手中，当时此地聚集着 22000 位中国难民。2 月 3 日，辛德贝格再次开车进城，将此信带给南京安全区国际委员会主席拉贝，同时，辛德贝格还将美国牧师约翰·马吉接到江南水泥厂和栖霞寺考察，从而使马吉牧师拍摄了栖霞寺难民及沿途日军的暴行。

1938 年 3 月，在日军逼迫下，辛德贝格离开了南京，难民代表和流亡至沪的工厂经理称赞他"见义勇为"，并绣了一面条幅赠送给他，以示感谢与纪念。这面丝绸条幅宽 36 厘米，长 98 厘米，题头绣着"辛佩先生惠存"，正文是"见义勇为"四个黑色大字，落款是 11 位中国人的姓名。辛佩是中国难民对辛德贝格的昵称。

◎ 揭露日军暴行

辛德贝格还向国际社会揭露南京大屠杀的真相。他记录了日军罪行的许多案例，将报告递交给南京安全区国际委员会。1938 年 3 月 20 日，辛德贝格去了上海，结束了在南京 107 天一生中极不平常的时段。来到上海找到了英国《曼彻斯特卫报》的特约记者田伯烈，请他为自己移民美国写了一封推荐信。1938 年 4 月 12 日，辛德贝格获得了赴美签证后，6 月初到了日内瓦，那里正在召开国际劳工大会，中国劳方代表团团长朱学范热情接待了辛德贝格，并在辛德贝格的护照上题词："中国之友"。1937 年 6 月 3 日晚上，中国代表团提出以辛德贝格的名义邀请国际联盟成员代表团和各国记者约 100 人，之前请出了妇女和儿童，观看了辛德贝格带去的记录中日战争的一部影片——红十字国际委员会南京委员会主席、美国牧师约翰·马吉拍摄的记录日军暴行的影片。

◎ 寻找辛德贝格

　　1939 年，辛德贝格去了美国，加入了美国商船队，为二战时期的美国海军提供后勤支援。

　　《拉贝日记》中多次提到辛德贝格这个人，但由于此后的战乱和其他原因，他的事迹尘封于历史档案中，久久不为大众所熟知。

　　据南京大屠杀纪念馆馆长朱成山的回忆，2000 年初，丹麦驻上海总领事魏思远先生访问纪念馆，提议去他的家乡奥胡斯市举办一次展览。当年 4 月，在魏思远先生的朋友、奥胡斯市长的帮助下，纪念馆成功举办了展览。

　　朱成山说，趁着在奥胡斯市举办展览的机会，他们在当地报纸上刊登了寻找辛德贝格的启事。辛德贝格的妹妹安德森和外甥女玛丽安娜看到了启事。"这时我们才知道，辛德贝格就是奥胡斯市人。"

　　2006 年 4 月，辛德贝格的外甥女玛丽安娜将那面丝绸条幅捐赠给了侵华日军南京大屠杀遇难同胞纪念馆。玛丽安娜介绍说，辛德贝格晚年生活在美国。1968 年，他对玛丽安娜说起了南京大屠杀的历史。虽然在当时，那已是 30 年前的往事，但辛德贝格的内心仍为那些无辜惨死的南京平民感到悲哀，并把这块丝绸条幅送给了玛丽安娜。

参 考 资 料

1. 张注洪主编：《国际友人与抗日战争》，北京燕山出版社 1997 年版。

2. 李宗远、张丽丹：《国际友人与抗日战争》，中国民主法制出版社 1999 年版。

3. 郑生寿主编：《国际友人在延安》，陕西旅游出版社 1992 年版。

4. 沈庆林：《中国抗战时期的国际援助》，上海人民出版社 2000 年版。

5. 丁晓平：《埃德加·斯诺》，中国青年出版社 2013 年版。

6. 孙华、王芳：《埃德加·斯诺研究》，湖南师范大学出版社 2012 年版。

7. 魏淑霞编著：《斯诺在宁夏》，宁夏人民出版社 2009 年版。

8. 刘小莉：《史沫特莱与中国左翼文化》，浙江大学出版社 2012 年版。

9. ［加］泰德·阿兰、塞德耐·戈登：《手术刀就是武器——白求恩传》，巫宁神译，上海文艺出版社 2005 年版。

10. ［加］伍冰枝：《诺尔曼·白求恩》，任明辉主译，人民卫生出版社 2012 年版。

11. 王雁、察哈尔编著：《纪念白求恩》，解放军出版社 2005 年版。

12. ［加］罗德里克·斯图尔特、［西班牙］赫苏斯·麦哈德：《白求恩在西班牙》，詹玲译，人民出版社 2013 年版。

13. 中国人民对外友好协会中国印度友好协会中国南亚学会编：《中印友谊史上的丰碑——纪念印度援华医疗队》，世界知识出版社 2008 年版。

14. 任鸣皋：《柯棣华》，社会科学文献出版社 2008 年版。

15. 苏菲：《我的丈夫马海德》，作家出版社 2015 年版。

16. ［美］约瑟夫·史迪威：《史迪威抗战日记》，骆伯鸿编译，湖南人民出版社 2013 年版。

17. 韩继伟、彭建兵：《重启史迪威公路的多视角分析——以贵州晴隆"二十四道拐"为切入点》，齐鲁书社 2014 年版。

18. 杨美利：《中美联合抗日档案》，中国书店 2013 年版。

19. 本溪市政协文史委佳木斯市政协文史委编：《绿川英子与刘仁》，辽东文学社 1995 年版。

20. 中国人民抗日战争纪念馆编著：《抗战时期苏联援华史论》，社会科学文献出版社 2013 年版。

21. ［德］埃尔文·维克特选编：《拉贝日记》，周娅、谭蕾译，新世界出版社 2009 年版。

22. 中国人民抗日战争纪念馆编：《为了正义与和平——国际友人支援中国抗战》，国际文化出版公司 2008 年版。